O paradoxo cristão

Dados Internacionais de Catalogação na Publicação (CIP)
(Câmara Brasileira do Livro, SP, Brasil)

Leloup, Jean-Yves
  O paradoxo cristão : ser humano – ser divino / Jean-Yves Leloup ; tradução de Karin Andrea de Guise. – Petrópolis, RJ : Vozes, 2023.

  Título original: Le paradoxe chrétien.
  ISBN 978-85-326-6593-5

  1. Cristianismo – Filosofia 2. Deus 3. Vida cristã I. Título.

23-161284   CDD-248.4

Índices para catálogo sistemático:
1. Vida crstã : Cristianismo   248.4

Tábata Alves da Silva – Bibliotecária – CRB-8/9253

Jean-Yves Leloup

O paradoxo cristão

SER HUMANO
SER DIVINO

Tradução de Karin Andrea de Guise

EDITORA
VOZES

Petrópolis

© Éditions du Relié, 2022

Tradução do original em francês intitulado
Le paradoxe chrétien – Être humain – Être divin

Direitos de publicação em língua portuguesa – Brasil:
2023, Editora Vozes Ltda.
Rua Frei Luís, 100
25689-900 Petrópolis, RJ
www.vozes.com.br
Brasil

Todos os direitos reservados. Nenhuma parte desta obra poderá ser reproduzida ou transmitida por qualquer forma e/ou quaisquer meios (eletrônico ou mecânico, incluindo fotocópia e gravação) ou arquivada em qualquer sistema ou banco de dados sem permissão escrita da editora.

CONSELHO EDITORIAL

Diretor
Volney J. Berkenbrock

Editores
Aline dos Santos Carneiro
Edrian Josué Pasini
Marilac Loraine Oleniki
Welder Lancieri Marchini

Conselheiros
Elói Dionísio Piva
Francisco Morás
Gilberto Gonçalves Garcia
Ludovico Garmus
Teobaldo Heidemann

Secretário executivo
Leonardo A.R.T. dos Santos

Editoração: Fernando Sergio Olivetti da Rocha
Diagramação: Monique Rodrigues
Revisão gráfica: Alessandra Karl
Capa: Renan Rivero

ISBN 978-85-326-6593-5 (Brasil)
ISBN 978-235490-274-2 (França)

Este livro foi composto e impresso pela Editora Vozes Ltda.

Sumário

Nota do editor, 7

Introdução, 9

I – Ser cristão hoje em dia, 15

II – Sentido e sabedoria do ícone – Entre iconoclastia e idolatria, caricaturas e proibições da representação, 53

III – Vá! – O espírito e a prática das Bem-aventuranças, 101

Nota do editor

O capítulo III foi publicado pela Editora Vozes com o título *A caminho! – O espírito e a prática das Bem-aventuranças* (2022). Na obra que você tem em mãos, optamos por seguir a edição francesa mantendo o texto deste capítulo, mesmo que o leitor já o tenha lido, respeitando as opções do autor.

Introdução

Simplicidade, complexidade do Real – o que a ciência contemporânea nos revela não seria uma sequência de paradoxos? "Nada existe, existem apenas tendências a existir." "O real é ao mesmo tempo ondas e partículas", "ele está aqui e ele não está aqui"; como o gato de Schrödinger[1], nós estamos, ao mesmo tempo, "mortos e vivos"...

Esses paradoxos não surpreenderão nem um pouco aqueles que creem que Cristo está "morto e ressuscitado".

O cristianismo é, de fato, uma via paradoxal, pois esta via tem como origem um ser que é o paradoxo por excelência: o paradoxo encarnado.

Yeshua, realmente homem e realmente Deus, plenamente carnal e totalmente espiritual, servidor de todos e mestre

---

1. O gato de Schrödinger é uma experiência mental frequentemente descrita como um paradoxo, desenvolvida pelo físico austríaco Erwin Schrödinger, em 1935. O exemplo é usado até hoje para ilustrar o conceito de superposição, que seria a capacidade de dois estados opostos existirem ao mesmo tempo [N.T.].

de tudo, humilhado e Senhor até o final; Ele restitui nossa finitude no coração do infinito, nosso tempo no coração do não tempo, Ele está no mundo e não é deste mundo, Ele faz da sua carne o Templo do Espírito e de todas as coisas, mesmo a menor, por mais improvável que seja, é uma manifestação de Deus... Ele convida seus discípulos a levarem uma vida tão paradoxal, tão incompreensível e bem-aventurada quanto a sua.

"É um movimento e um repouso." É um sentar e um meditar contemplativos e uma caminhada sempre em direção ao mais profundo – mais do que ir adiante – em direção a este fundo sem fundo, que é o Real. Ser e além do ser, *Agape*, um todo outro amor, calmo e silencioso, de onde nasce toda consciência e todo universo.

Esse caminho do ápice e da vertigem, essa via paradoxal é estranhamente atual. Talvez o cristianismo ainda não tenha sido descoberto. Quando nos aproximamos das suas fontes, ele parece ser extremamente novo. Como não nos surpreendermos com o paradoxo destes bem-aventurados, sempre serenos, no mais improvável dos mundos, o dos impérios (os de ontem e os de hoje) que sempre desmoronam: "eles passam no mundo fazendo o bem", sem atração, sem repulsa, sem indiferença. Eles são capazes de integrar os contrários, eles não se deixam levar nem pelas polêmicas nem pelos *a priori*, as afirmações peremptórias, as exclusões, as dúvidas que ocupam nossa atualidade.

Além dos dogmatismos e dos fanatismos laicos ou religiosos, além das confusões e das separações, dos sincretismos e dos sectarismos, o cristianismo nos convida a saborearmos a via paradoxal dos bem-aventurados:

Eles sofrem,
eles são felizes,
eles são felizes e eles sofrem – como isso é possível?
Eles são humanos e se dizem habitados por Deus,
eles têm um Deus que se diz e se fez homem –
como isso é possível?
Eles são mortais, eles vivem no tempo e
experimentam em si mesmos o que não nasce
nem morre, o eterno atemporal – como isso
é possível?
Eles aceitam e acolhem sua finitude e reconhecem
o infinito, que nada poderia destruir ou conter, no
mais íntimo de si mesmos – como isso é possível?

Eles choram e eles estão na alegria, eles são pobres e eles pretendem possuir o universo, eles têm fome e estão satisfeitos, homens de desejos e livres de todos os desejos. Os cristãos levam uma vida paradoxal, verdadeiramente humana e verdadeiramente divina; é o Ágape, seu santo Amor, que a cada dia os torna ao mesmo tempo um pouco mais humanos e um pouco mais divinos.

Essa vida paradoxal não seria o futuro da vida humana?

Mais do que uma vida aumentada (e, no entanto, ela é isso: uma vida aumentada pela consciência e pela graça, gratuidade, liberdade suprema), ela é sobretudo uma vida transfigurada, anastasiada[2]; de anestesia (sono) à *anastasia* (despertar), este é o caminho proposto.

---

2. *Métamorphosis, anastasis*, as duas grandes palavras do cristianismo, transfiguração ou metamorfose, ressurreição, elevação ou despertar.

Aderindo a todas as dimensões da vida carnal e espiritual, eles vivem essa não dualidade ou esta aliança encarnada que é o amor: o céu e a terra estão para sempre reconciliados neles, sem confusão e sem separação.

A visão do horror: um inocente nu, injustamente acusado, crucificado, enforcado, faz parte, para eles, da visão beatífica; ela lhes mostra que o mal, o infortúnio, a injustiça, a violência foram assumidos pelo amor e no amor. Os partidários deste caminho paradoxal fazem deste homem humilhado, condenado à morte, um Deus e um Senhor, pois no mais baixo e no mais infame ele ainda é capaz de dar e perdoar: "Minha vida ninguém a toma, sou eu quem a dou".

Os cristãos nos propõem uma saída às dualidades que despedaçam o mundo, eles não renunciam ao visível pelo invisível, ou ao invisível pelo visível, eles não renunciam à matéria pelo Espírito, nem ao Espírito pela matéria; nem espiritualistas nem materialistas, eles são simples e paradoxalmente humanos, bem-aventuradamente humanos. Seus textos fundadores nos convidam a esta Beatitude paradoxal.

- Não basta existir, é preciso estar vivo.
- Não basta estar vivo, é preciso ser consciente de estar vivo.
- Não basta ser consciente, é preciso amar estar aqui, vivo...

Estar aqui, vivo, em todas as dimensões do nosso ser, das mais carnais às mais espirituais, é o "espírito do cristianismo" que, seguindo o exemplo dado por Yeshua, nos convoca a nos tornarmos cada vez mais humanos e cada vez mais divinos.

Estar aqui, vivos, é manifestar em nossos limites alguma coisa da invisível Presença e da infinita Paciência! É ser um ícone do Ser que é vida, consciência e amor.

Entre a iconoclastia e a idolatria, as caricaturas e as proibições da representação, devemos reencontrar o sentido e a sabedoria do ícone que não detém o olhar da inteligência e do coração em formas aparentes privadas da sua densidade e da sua profundidade.

Estar aqui, vivo, é permanecer no movimento da vida que se dá, é escutar o mestre das Beatitudes que, nos momentos mais fatigados da nossa história, nos diz: "Vá, um passo a mais", até o final. *Ephatha!* Abre-te...

Três ensaios estão aqui reunidos, eles nos lembram três maneiras de estarmos aqui, vivos:

• Ser cristão hoje em dia.

• Ser um ícone, uma manifestação da verdadeira vida.

• Estar a caminho, com tudo, com todos, bem-aventurados, no aberto...

I

Ser cristão hoje em dia

"Para o senhor, o que é ser cristão hoje em dia?" Esta questão me é frequentemente colocada.

Eu poderia evitá-la de diversas maneiras, elaborando uma abordagem sociológica sobre a pluralidade cristã: ortodoxia, catolicismo, protestantismo, multiplicidade de seitas e de congregações que se proclamam pertencentes a Cristo, sem esquecer das Igrejas mães do Oriente, da Síria, da Palestina, do Líbano e seus futuros ameaçados pela ascensão de um Islã fundamentalista e fanático.

O cristianismo ocidental, cada vez mais cortado das suas raízes, surge como "desvitalizado", reduzido a não ser nada além de uma moral, um humanismo, com um evangelho precursor e garantidor dos "direitos humanos".

Um cristianismo reduzido àquilo que as "luzes" fazem dele não uma inteligência despertada, mas um racionalismo estreito: "uma espiritualidade sem Deus".

Mas o que é uma espiritualidade sem Deus? Um vinho, uma bebida sem álcool: uma limonada. Se ela pretende nos poupar dos excessos da embriaguez, ela também nos priva daquilo que "alegra o coração do homem". Assim, podemos falar de "espiritualidade sem Deus" ou de espiritualidade sem Espírito (*pneuma*), mas não sem espírito (*nous*). Freud diria que "aqueles que chegam a se embriagar com uma bebida sem álcool sempre lhe pareceram um pouco bizarros". Aderir a uma espiritualidade laica ou a uma espiritualidade sem Deus é, sem dúvida, querer dar a si um sentido sem aludir àquilo que dá sentido e, portanto, nos transcende. Beber vinho sem álcool não seria, de fato, uma esquisitice?[3] Por que chamar de vinho quando isso não passa de suco de uva; mas não se trata apenas de uma "esquisitice", como diz Freud; é uma escolha, a escolha de um fechamento ou de uma recusa de tudo aquilo que poderia transcender nosso ser para a morte e lhe dar um sentido mais do que biológico, sociológico ou filosófico. Para os antigos terapeutas, a causa da "queda" na dualidade e no mundo para a morte é o fechamento do *nous* ao *pneuma*, o fechamento do nosso espírito humano ao Espírito divino ou o fechamento em nossa finitude, a identificação aos nossos limites sem abertura possível ao Infinito. A "espiritualidade laica" é para o cristianismo aquilo que a margarina é para a boa manteiga, e verificamos que isso não é o melhor para a saúde. Um cristianismo "mitigado" revela-se incapaz de enfrentar a angústia ou o torpor comuns.

---

3. FREUD, S.; BINSWANGER, L. *Correspondance 1908-1938* [Correspondência 1908-1938]. Paris: Calmann-Lévy, 1995, p. 275.

Mais do que a abordagem sociológica ou a abordagem "polêmica", eu serei principalmente tentado a utilizar a abordagem científica, a de um Teilhard de Chardin e de seu cristianismo cósmico, propício a "re-encantar" as ecologias contemporâneas, ou a de um Alexandre Ganoczy, que tenta encetar um diálogo entre o cristianismo e as neurociências.

Há também a abordagem filosófica, a de um fenomenólogo como Michel Henry em suas últimas obras sobre *A Encarnação (L'Incarnation)* e as *Palavras de Jesus (Paroles de Jésus)*. Mas neste campo eu permanecerei fiel aos meus antigos amores, os filósofos russos Soloviev e Berdiaev, que propuseram em sua época "um cristianismo de liberdade e de criatividade, mais do que de autoridade e de instituição [...]". "Pela liberdade criativa, o ser humano constantemente se transcende, vai além de si mesmo, eleva-se; a liberdade é heroica, e é por isso que não a amamos e a tememos."

A liberdade é a própria vida de Cristo em nós. Seu nome – Yeshua – quer dizer "Aquele que liberta, Aquele que salva, Aquele que nos faz respirar ao largo"; *iesha*, em hebraico.

A Liberdade, assim como a Vida, o Amor e a Consciência, é a presença de Deus no ser humano, e é essa Vida, essa Consciência e esse Amor que, à semelhança de Cristo, o cristão é chamado a encarnar hoje em dia.

É isso que Soloviev indica ao falar de "teandricidade" ou humano-divindade, pois não há Deus sem o homem e não há homem sem Deus; isso é inerente ao cristianismo, que deveria nos libertar, a partir da experiência da Encarnação, de todas essas cisões e dualismos, entre materialismo e espiritualismo, vida eterna e vida temporal... Não há outra realidade a não ser a Realidade, quer esta se manifeste de maneira "grosseira" ou de maneira "sutil".

No cristianismo, o céu e a terra descobrem sua unidade indissociável. De fato, por meio de nossos conflitos e enfrentamentos devemos descobrir que somos feitos para as núpcias, e não para a guerra.

O *Kaos* (caos) através do *Logos* (consciência) e do *Pneuma* (sopro/amor) é chamado a tornar-se *Cosmos* (harmonia).

Todos esses temas foram retomados e desenvolvidos nesses últimos anos por este grande pensador, que foi Raimon Panikkar, em sua "cosmoteandria".

Não se trata de repetir o que esses filósofos, sofiólogos ou teólogos disseram com muita propriedade, mesmo que suas obras tenham recebido apenas um débil eco dentro do debate contemporâneo.

Eu me dedicarei, portanto, a uma tarefa mais modesta, uma abordagem que poderíamos qualificar de "evangélica", pois ser cristão é, antes de tudo, tentar viver o evangelho e encarnar as informações comunicadas por Yeshua de Jerusalém (o lugar onde Ele viveu sua paixão, onde Ele morreu e ressuscitou), esse "homem incomparável", irredutível a toda "recuperação" e a toda "fixação".

"Ele passou no mundo fazendo o bem", dizem-nos os Atos dos Apóstolos; é "o Grande Passante" que ilumina com sua Bondade e sua Beleza tudo aquilo que Ele encontra...

Inútil indicar que a minha abordagem será filocálica[4], mais do que filosófica ou científica. Pois, para mim, é tão

---

4. Adjetivo referente à *filocalia*. Palavra de origem grega que significa "amor pela beleza"; beleza esta que se confunde com o bem [N.T.].

importante celebrar quanto pensar e dar graças pelas grandezas e belezas que foram semeadas no mundo por Cristo e seus discípulos. Não é essa, mais do que a tecnologia e a economia, "a Beleza que salvará o mundo"? Não é o louvor, tanto ou ainda mais do que a razão, que torna o ser humano verdadeiramente humano?

Eu me deixaria guiar por essas palavras de Angelus Silesius[5] e da mística renana: "O que me importa que Cristo tenha nascido há mais de 2 mil anos se hoje Ele não nascer em mim!"

Caso contrário, Ele continuará sendo um "objeto" histórico, com certeza interessante, mas "exterior" à minha vida. Ser cristão, então, seria ter como guia um personagem, um "Mestre venerado" do passado, mas não uma presença viva e vivificante, uma presença constante e iluminadora, uma presença paciente e amorosa, uma presença sempre "aberta" e libertadora.

Um Cristo sublime, talvez, como tantos sábios, santos e místicos, mas um Cristo morto e enterrado. Não um Cristo vivo (ressuscitado), Vida da minha vida, Luz da minha consciência, Coração dos meus amores, espaço infinito no meio das minhas contingências.

Seria o cristianismo a rememoração de um Deus morto, objeto do passado, ou anamnese do Deus vivo no centro do

---

5. Angelus Silesius (1624-1677), nascido Johann Scheffler e também conhecido como Johann Angelus Silesius, foi um padre e médico católico alemão; igualmente foi poeta místico e religioso. Nascido e criado no luteranismo, adotou o nome Angelus (latim para "anjo" ou "mensageiro celestial", e o epíteto Silesius ("Silesiano"), quando da sua conversão ao catolicismo [N.T.].

ser humano, um "Eu sou" sempre presente, sempre lúcido e amoroso, que continua a "passar no mundo fazendo o bem"?

Ser cristão não é acreditar no sofrimento redentor de um homem que viveu há dois mil anos, mas sentir em seu próprio corpo "o Amor que ainda não é amado", o amor depreciado, desacreditado, caluniado, continuamente crucificado.

O Amor que, ao realmente encarnar em nós, abre-nos os braços, torna-nos ao mesmo tempo invencíveis e vulneráveis, pois nada nem ninguém pode nos impedir de amar. Como Ele, com Ele, nele nós somos livres: "Minha vida, ninguém a toma, sou eu quem a dou". "Perdoai-os, eles não sabem o que fazem."

Mas nada nem ninguém pode nos impedir de sermos feridos pela violência, a maldade, a perseguição que em certos momentos estão à nossa volta, esmagam-nos, maltratam-nos e por vezes até mesmo nos matam.

Mas o amor que está em nós "salva nossa humanidade", nos mantém em nossa dignidade de seres humanos: "Eu sou".

Não é o sofrimento que nos "salva", mas a Vida, o Amor, a Luz no coração do sofrimento.

Ser cristão hoje em dia é não sofrer em vão, é ser capaz de fazer do sofrimento e da morte "atos sagrados" (esta é a etimologia da palavra "sacrifício", *sacra facere*), é permanecer livre, "vivo" nas situações mais sufocantes.

Não estaríamos, desta maneira, aproximando-nos da experiência de Paulo e dos primeiros discípulos? "Para mim, viver é Cristo"; "Não sou mais eu quem vivo, é Cristo quem vive em mim".

Como dizem os antigos, um cristão é, a partir do seu batizado, "um outro Cristo", um *alter Christus*, uma "encarnação de acréscimo", aquele que atualiza e encarna hoje as "qualidades divinas" que Yeshua encarnou em seu tempo: a Vida, a Consciência, o Amor.

Yeshua diz a seu próprio respeito: "Antes de Abraão ser: 'Eu sou'". "Eu sou é o Caminho, a Verdade, a Vida." E Ele acrescenta: "Ali onde 'Eu sou' quero que vocês também sejam, que vocês também estejam".

"Eu sou", *Ego Eimi*, é o nome divino revelado a Moisés na sarça ardente. É essa Presença do "Ser que é o que Ele é" (*eyeh asher eyeh*) e de todas as suas qualidades no coração da nossa sarça de humanidade, que Cristo "realiza" e que todos os seres, assim como todos os cristãos, são chamados a realizarem.

Assim, ser cristão, tanto hoje quanto ontem, seria "deixar ser" (*Gelassenheit*) o "Eu sou" e suas qualidades em cada um de nós.

Ser cristão é ser e estar "vivo", impregnado da mesma Vida "daquele que está vivo, daquele que é o Vivente"; é estar consciente da própria Consciência "daquele que é a Luz"; é amar o próprio Amor "daquele que é Amor incondicional e infinito".

Ser cristão é estar livre e ter a própria liberdade "daquele que é incriado e está além de todas as formas e de todos os limites".

Ser cristão é ser deus, ou melhor, "homem-deus", "Deus-homem", como diziam Soloviev e Berdiaev, fazendo ecoar as palavras de Gregório de Nissa, Máximo o Confessor e de todos os Padres da Igreja.

O programa poderia parecer impossível, insensato e presunçoso se tivéssemos que realizá-lo com nossa própria vontade, e não com a graça daquele que nos inspira. A graça é descobrir que aquilo que nos é pedido ser é o que nós somos: o Real que é Vida, Consciência, Amor. O que mais poderíamos ser?

Deus não é "objeto" de conhecimento e de amor, um Ser exterior ao nosso conhecimento e ao nosso amor. Ele é a própria Presença pela qual nós conhecemos e amamos.

- Conhecer Deus é participar da sua Presença (sua energia).

- Ver a Deus é ser visão (etimologia da palavra *theos*).

- Ver a Deus não é ver "alguma coisa", é ver a não coisidade (*nothing*), é tornar-se visionário.

- É ver como Ele vê; "e Ele viu que era bom".

- Ver a Deus não é ver um Ser ou um objeto sublime, é ser a luz que nos permite ver.

Se exercermos a *metanoia*, para o "retorno da atenção", é preciso nos colocarmos a questão: não "Qual Deus vemos?", mas "Quem" vê Deus? O que vê Deus em mim?

Apenas Deus pode conhecer Deus, apenas o Infinito pode conhecer o Infinito.

Compreendemos, então, as palavras de Eckhart: "O olho pelo qual vejo Deus é o olho pelo qual Deus me vê".

O olho pelo qual "Deus me faz ver" é o olho do coração quando este é habitado ou participa da Vida, da Luz e do Amor.

Se nós não fôssemos o Infinito, como poderíamos conhecer o Infinito? Se nós não fôssemos a Vida, como poderíamos conhecer o ser Vivo, o Vivente?

O Ser não é um ser fora de nós nem "objeto" longínquo ou inacessível: nós somos o Ser. A Consciência não está fora de nós, um despertar longínquo ou inacessível: nós somos a Consciência. A Vida não está fora de nós, uma vida extraordinária, sublime, inacessível: nós somos a Vida. O Amor não está fora de nós; um amor maravilhoso, longínquo, inacessível: nós somos o Amor. E, no entanto, sentimos falta do Amor, da Vida, da Consciência, do Ser.

Tudo nos é dado, mas nada recebemos. "Ele vai para os seus, mas os seus não o recebem." Talvez devêssemos, primeiro, aprender a "receber". Receber a Vida como um dom, a Consciência como um dom, o Amor como um dom.

"Aqueles que o recebem tornam-se filhos de Deus." Eles se reconhecem como tendo sido "engendrados" pela Vida, pela Consciência e pelo Amor.

A experiência que nos é dada é a experiência da gratidão que responde à gratuidade, à graça do Ser; é nesta gratidão de quem tudo recebeu que nos tornamos capazes de tudo dar, *capax Dei...*

Metanoia, *novo nascimento, Reino de Deus*

"Deus se fez homem para que o homem se tornasse deus", repetem incessantemente os Padres da Igreja. Este é o sentido e o objetivo da vida cristã: a *theosis* ou divinização, o *logos* tornou-se *sarcophore*, portador da carne, para que a carne se tornasse *pneumatophore*, portadora do Espírito.

Poderíamos traduzir este adágio tradicional de diversas maneiras: "A Consciência tomou corpo para que o corpo tomasse consciência". "A Luz se fez matéria para que a matéria voltasse à luz". "A Vida infinita se faz vida finita" para que "a vida finita descubra que é Vida infinita", ou, caso quisermos empregar imagens mais populares: "o oceano faz ondas e espuma para que ondas e espuma descubram que são oceano".

No lugar dos verbos "fazer" e "tornar-se", que supõem um vir-a-ser, um desdobramento e uma realização no tempo, poderíamos utilizar o verbo "Ser", que nos introduziria em uma visão mais radical, em uma realização "abrupta" e espontânea.

- Deus é homem, o homem é deus.

- O *Logos* é carne, a carne é *Logos*.

- A Consciência é corpo, o corpo é Consciência.

- A Vida infinita é vida finita, a vida finita é a Vida infinita.

- A Luz é matéria, a matéria é Luz.

- A matéria é a velocidade ou a frequência mais lenta da Luz, a Luz é a velocidade ou a frequência mais elevada da matéria.

- O oceano é onda e espuma, a espuma e a onda são oceano.

Cabe a cada um verificar se estas afirmações são verdadeiras e passíveis de ser experimentadas.

Na linguagem do cristianismo, esse processo chama-se *metanoia*, ou "novo nascimento", necessário para entrar no "Reino de Deus" ou "Reino do Espírito". Serafim de Sarov[6] indica de maneira precisa: "O objetivo da vida cristã é a conquista ou o acolhimento do Espírito Santo". Como?

Metanoiete é a primeira palavra do ensinamento de Yeshua que geralmente traduzimos por "convertei-vos", "mudai de espírito ou de modo de vida". Literal e etimologicamente, significa ir além (*meta*) do mental (*noia*). Entrar em um novo ponto de vista, um novo olhar sobre aquilo que é "não mental"; ou seja, sem memórias, sem *a priori* ou projeções. Um olhar puro, inocente, aquele que, segundo as Beatitudes, "vê Deus" em tudo e em todos. É despertar em nós o que a tradição chama de "olhos do coração"; este abre-se justamente através de um processo de *metanoia*, que poderíamos traduzir por "volta" (*techuva* em hebraico, o retorno), a virada da atenção. Não se trata apenas de ver o que vemos, mas de ver Aquele que vê.

Trata-se não apenas de conhecer ou de estar consciente de alguma coisa, aqui, no exterior, mas de estar consciente da Consciência que compreende todas as coisas, aqui, no interior (o reino está dentro de nós). O despertar desta "nova consciência" é também um novo nascimento, o "nascimento no alto" (*anothen*) sobre o qual Yeshua fala a Nicodemos.

---

6. São Serafim de Sarov (1759-1833) foi um monge e taumaturgo ortodoxo, um *starets* e um dos santos mais venerados da Igreja Ortodoxa Russa. Foi glorificado pela Igreja Ortodoxa em 1903 e, apesar de não ter sido canonizado pelo Vaticano, é popularmente venerado pelas Igrejas católicas orientais, sendo que o Papa João Paulo II se referiu a ele como santo [N.T.].

Ver as coisas do alto ou do "céu", para utilizar a linguagem dos evangelhos, é ver todas as coisas a partir deste espaço infinito em nós que contém e conhece tudo aquilo que vive e respira e, em si mesmo, não é contido por nada. Este Espaço é o "local" que os evangelhos chamam de "o Reino de Deus". "Ali está a Presença do Espírito" dentro de nós. Apesar de nesta visão infinita não haver mais dentro ou fora, o espaço que está no interior do coração é o espaço que preenche todo o universo.

Assim, ser cristão é experimentar essa *metanoia*, esta volta da atenção, esta nova consciência ou "nascimento no alto". Ser cristão é ver as coisas como Cristo as vê, a partir deste espaço infinito que o habita, esses olhos do coração que são os olhos do seu Espírito. Ver todas as coisas na sua Luz e no seu Amor e agir de acordo.

No cristianismo, a *práxis* nasce da *gnosis*, a ética nasce da contemplação ou da visão. A ação sem a contemplação é cega, a contemplação sem a ação é estéril. Os olhos do coração ou conhecimento cordial não abolem o conhecimento racional dos olhos frontais ou cervicais que, como sabemos, funcionam de maneira binária (preto ou branco, verdadeiro ou falso, bem ou mal etc.), nem o conhecimento instintivo (os olhos do ventre), que é mais fusional. Os olhos do coração são "os olhos do centro", síntese do mental e do visceral. O conhecimento do coração não procede nem da fusão nem da separação; ele integra os contrários. Ele é um eco do que diz Calcedônia[7] sobre Yeshua: "Ele é verdadeiramente Deus

---

7. Referência ao quarto concílio ecumênico do cristianismo, o Concílio de Calcedônia, ocorrido em 451, que reafirmou as duas naturezas de Cristo: ver-

e verdadeiramente homem, sem confusão e sem separação, uma única pessoa em duas naturezas distintas, mas não separadas; unidas mas não misturadas".

O alto e o baixo são um e se tocam, mas o alto permanece no alto e o baixo permanece sempre no baixo, diria *La Palisse*[8]; a onda continua sendo uma onda sem deixar de ser o oceano; toda realidade é a Realidade, o homem é um homem sem poder deixar de ser deus, a menos que se imagine ou acredite ser um ente separado. Tudo isso para dizer que ser cristão, hoje em dia, é permanecer em uma visão e uma vida das mais simples e das mais paradoxais, onde se está no mundo sem ser do mundo.

Ser deus e um com a Fonte de tudo o que vive e respira (que Yeshua chama de "seu Pai e vosso Pai") e permanecer à sua imagem "doce e humilde de coração".

O que existe de mais fantástico e de mais comum? O que existe de mais óbvio e de mais incompreensível? – O dia (*dies*), a luz invisível, aqui, diante dos nossos olhos. A vida inalcançável aqui, no nosso sopro, no nosso sangue. O amor, a bondade inesperada, aqui, em nosso coração. O aberto, a liberdade infinita, no fundo sem fundo do nosso "ser aqui presente". Não "jogados aqui", mas "aqui, dados".

---

dadeiramente Deus e verdadeiramente homem; perfeito em sua divindade e perfeito em sua humanidade [N.T.].

8. Verdade de La Palisse (também grafado La Palice) é uma expressão de origem francesa criada a partir da canção *La mort de la Palice*, dedicada a Jacques II de Chabannes, senhor de La Palice, na qual uma das estrofes contém um verso que enuncia algo que já era evidente no verso anterior. Trata-se, portanto, de um truísmo [N.T.].

O sentido da vida

O universo tem um sentido? Minha vida tem um sentido? Talvez não devamos nos colocar questões desta maneira, mas praticar novamente a *metanoia*, a *metanoiete* do evangelho, a volta da atenção. Não apenas "quem" coloca estas questões do sentido, mas o que em mim pode "dar sentido" à minha vida e ao universo?

Isso também faz sentido? Mas o que dá sentido? O que pode dar sentido a tudo aquilo que é?

Yeshua, seguindo o mesmo caminho trilhado pelos sábios e pelos profetas, é Aquele que dá sentido à aventura humana, mas também à aventura cósmica, mineral, vegetal, animal e angelical, o "visível e o invisível" sobre os quais fala o símbolo dos apóstolos e o de Niceia-Constantinopla[9]. Ele não diz qual é o sentido da vida e do universo; Ele nos mostra que aquilo que lhe dá sentido é o amor (ágape) que o anima, a consciência (*logos*) que o ilumina, o sopro (*pneuma*) que o habita.

Aquele que respira consciente e amorosamente a cada instante, quaisquer que sejam os acontecimentos (agradáveis ou desagradáveis, para quem?), está no Sentido, no movimento da Vida que se dá (*Tao-Theos*).

---

9. Referência ao primeiro concílio ecumênico do cristianismo. Ele foi convocado pelo Imperador Constantino e ocorreu entre 20 de maio e 25 de julho de 325, na cidade de Niceia, na Bitínia, atual cidade de Iznik (Turquia), Província da Anatólia (Ásia Menor), localizada próxima a Constantinopla, com o intuito de condenar a doutrina de Ario (o arianismo) e, sobretudo, manter a unidade da então jovem Igreja [N.T.].

Ser cristão é compartilhar hoje a própria experiência de Cristo de ser Um com a Fonte da vida, da consciência, do amor e permanecer no Dom; ou seja, no próprio movimento da vida, da consciência e da beleza que se dão.

Só encontramos o sentido da vida quando lhe damos um sentido, assim como só encontramos o amor quando amamos; ou seja, quando nos damos.

O sentido da vida é tornar-se a cada dia mais vivo, mais consciente, mais amoroso. Poderíamos acrescentar mais livre, mais aberto, para alcançar esta abertura total simbolizada pela vida, pela luz e pelo amor que se dão infinitamente em um corpo, uma inteligência, uma afetividade limitadas.

E eis que a Vida, a Luz, o Amor "transbordam": a Vida é eterna, a Luz é inalcançável, o Amor é mais forte do que a morte; Cristo ressuscitou.

"Cristo ressuscitou" – essa expressão, esse canto, esse grito de mobilização dos cristãos de hoje e de ontem é o que, para eles, dá sentido à existência mortal, feliz ou dolorosa do ser humano e do cosmos, ao qual eles pertencem. O ser finito volta ao Infinito, de onde ele vem; ali para onde ele vai, ele já está. O infinito não começou, ele não terminará.

Se o homem e o universo finitos passam por um "buraco negro" é para chegar a um abismo de claridade e de amor. É o sentido "pascal" da existência, morte e ressurreição indissociáveis.

Só aqueles que estão "mortos antes de morrer" sabem disso, aqueles que estão despertos àquilo que neles não morre; aquilo que não morre é aquilo que se deu, o que se dá e o que ainda se dará.

"Nós passamos da morte à vida porque nós amamos nossos irmãos", diz de maneira mais simples a Epístola de João; nós passamos de uma vida insensata ou absurda a uma vida plena de sentido e de sabor, porque nós amamos.

A questão permanece: "Como amar?" "Quem ama?" Como poderíamos amar se não fôssemos primeiramente amados? Se não nos descobríssemos, primeiro, como tendo sido "dados"?

A vida nos é dada, o amor e a consciência também nos são dados. "O que tens que não tenhas recebido?"

"Deus nos ama primeiro" e, dentre todos os seus dons, Ele nos dá o poder de dar; de dar a Vida, de dar Sentido, de transmitir a Claridade, de dar o Amor. Trata-se, primeiro, de receber o que nos é dado, para depois podermos dar e permanecer no movimento da Vida que se dá. "Aquele que guarda ou preserva sua vida, perde-a." Ele perde o que dá sentido e sabor a todos os seus atos.

O que o Silêncio nos dá é, primeiro, um Sopro; receber e dar o Sopro é a oração, a adoração primordial.

Em seguida, do Sopro vem o Som, a Palavra e o Canto. Receber e dar o Som é o primeiro louvor. Compartilhar a Palavra para dar testemunho do obscuro e luminoso Silêncio de onde nós viemos e para onde retornaremos. Enfim, Cantar: o homem encontra sua realização nesta celebração da Vida, da Consciência e do Amor que o faz nascer a cada instante.

Em seguida vem a Eucaristia, que é o "Grande Obrigado" que precede e sucede a todos os "Grandes Dons" e "Grandes Perdões". Além do Som, da Palavra e do Canto, há o ato puro, o ato gracioso ou gratuito, o próprio Ato, que no menor dos nossos atos é a Vida que se dá. Tudo tem sentido e tudo está além do sentido, pois "tudo é graça", tudo é "dado aqui". O mal é se ver e ver o mundo sem Deus; ou seja, sem amor e sem consciência. O inferno é não mais ver com os olhos do coração, que são os olhos de Deus, que o mundo é verdadeiro, belo e bom. Não há mais Ser nele e, portanto, não há mais verdade, beleza e bondade; nada resta além de lama e ilusão.

Ser cristão é viver na presença de "Eu sou", "dado aqui", "Ele está conosco até o fim do mundo": plenitude silenciosa, espaço benévolo no qual temos a vida, o movimento e o ser. Não se trata de buscar Deus, mas de permanecer nele. Permanecer nele é ser vivo, é ser consciente, é ser amoroso, é ser livre. Só provamos a Vida, a Consciência, o Amor, a Liberdade como algo que "sentimos" quando estamos no ato de doar, e neste dom há mais do que alegria e felicidade: há Beatitude, que é participação no Ser que é o que Ele é, "graciosamente".

É dado para nós estar aqui, vivos, viventes

Nós nos lembramos da *Missa sobre o mundo (Messe sur le monde)* de Teilhard de Chardin: estando este no deserto, e não tendo nem pão nem vinho para a celebração da Eucaristia, tomou a terra e o universo como "matéria" para sua oferenda. E sobre essa "terra caótica e desértica" ele disse as palavras de Cristo: "Este é o meu corpo".

A matéria, o universo, através deste ato de consagração ou de filocalia (amor e reconhecimento da beleza em todas as coisas), torna-se, então, "mais" do que uma criatura de Deus, é o seu próprio corpo; é "aqui" que o Verbo se faz carne. Adivinhamos as consequências éticas e ecológicas de tal atitude: a terra é sagrada, é o próprio corpo de Deus. Devemos respeitar e cuidar dela. A mesma atitude é pedida em relação ao corpo humano, que também é o corpo e o templo de Deus; o lugar e a forma onde se manifesta sua Vida. Ver a Vida invisível em todas as coisas vivas não é "restringir" seu olhar, forçá-lo a imaginar um mundo superior; é desatrelá-lo do visível, torná-lo livre das restrições da objetivação. Não mais ver apenas as aparências, mas as "aparições". Mais nada é "objeto" ou "coisa", tudo é "presença".

Desde a sua concepção até a sua morte, os cristãos devem estar atentos à saúde e ao bem-estar desses corpos que abrigam "o Santo" e "o Sagrado", quaisquer que sejam sua idade, seu sexo, sua raça ou suas condições. Em todo corpo, em toda carne, nós sabemos, daqui em diante, que o *Logos* (a informação criadora) encarnou (cf. Prólogo de São João).

No entanto, quer se trate do corpo cósmico ou do corpo humano, devemos nos lembrar de que todo corpo é mortal e permanecer no espírito do Livro do Gênesis que, contemplando todas as manifestações da Vida, não despreza e não idolatra nenhuma.

Nenhuma realidade terrestre é o Real Absoluto (Deus) e, portanto, não merece nossa adoração, mas toda realidade relativa manifesta a Realidade Absoluta (Deus) e merece, portanto, nosso respeito ou nossa admiração.

"Este é o meu corpo", meu corpo mortal, a expressão temporal, mortal da minha Vida não temporal, não mortal. Esta precisão deveria permitir ao cristão manter a atitude justa ou a "via do meio" diante do corpo cósmico ou do corpo humano, desde sua concepção até sua morte; nem desprezo nem idolatria do "Ser aqui, vivo em um corpo".

Para o cristão, essa "vida mortal" não é "toda" a Vida; em suas profundezas, ele pode descobrir uma vida que não morre: passar da vida que eu tenho à vida que "Eu sou". Essa Vida atemporal e incriada sobre a qual Cristo fala aos fariseus: "Antes que Abraão seja, "Eu sou". E à sua amiga Marta: "'Eu sou' é a Ressurreição e a Vida, aquele que aderir a 'Eu sou' não morrerá jamais" (Jo 11,25); Ele lhe diz isso antes de "reanimar" seu irmão Lázaro, mostrando que essa "Vida eterna" não é sem poder e sem presença em um corpo e uma vida mortal.

Ser cristão hoje é dizer, junto com Cristo, não apenas "eu tenho a vida", mas "Eu sou a vida"; e neste "Eu sou" comungar com a Vida de todos os seres vivos (mineral, vegetal, animal, humano, estelar, angelical). E assim cuidar de todos os seres e de todas as coisas, incluindo seu próprio corpo mortal, como de uma manifestação santa e sagrada da Vida infinita e eterna. Porém, sem se identificar com essa manifestação impermanente e transitória; ou seja, sem idolatrar nenhuma forma particular da Vida.

Minha adoração vai à Vida que permanece além e dentro de todas as formas ou manifestações; minha verdadeira identidade está em "Eu sou", que é e que dá a Vida.

"A Vida eterna é conhecer a ti, o único verdadeiro Deus que enviaste: Jesus Cristo." A vida eterna é conhecer, fazer apenas um com a Fonte de toda a vida, e de conhecer, de fazer apenas um com sua manifestação, seu Logos encarnado no corpo do cosmos e no corpo humano. A vida eterna é esse duplo conhecimento daquilo que está no tempo (a energia, a manifestação) e fora do tempo (a Essência, a Fonte), não opor os dois, não confundi-los. Voltar a viver em Cristo é ser mortal e eterno, plenamente humano e plenamente divino (*theanthropos*).

"Eu sou a verdade": ser cristão é ser verdadeiro

Crentes ou descrentes,
ricos ou pobres,
enfermos ou em boa saúde,
nós não nos surpreendemos o suficiente por estarmos aqui,
por nascermos a cada instante,
a cada instante a Vida nos é dada e
com ela o Sopro, a Consciência.
João indica:
"Nascido nem da carne nem do sangue, mas de Deus".
"Nascer de Deus", "ser engendrado"?
Ser filhos e filhas da Vida?

O verdadeiro conhecimento seria, então, "reconhecimento" e "novo nascimento". Reconhecer que a Vida nos é "dada aqui", no instante, abre-nos o acesso a uma nova consciência, em que a Vida não é mais percebida como fatalidade (*chronos*), mas como ocasião (*kairos*). Essa consciência é um novo nascimento, o nascimento do nosso "Eu sou" verdadeiro. Eco e encarnação única do único "Eu sou".

"Eu sou", "o Ser que é o que Ele é" engendra um outro "Eu sou" que, à sua imagem, "é o que Ele é". Meu "Eu sou" é um "outro dele", o único "Eu sou"; não um "outro diferente dele". Meu ser é um "outro" Ser-um, mas ele não pode ser um "outro diferente" do Ser (pois sem a sua participação única e diferenciada do Ser-um, ele não seria), e é isso que chamamos de "filiação divina".

Filiação perdida ou esquecida, consciência perdida ou esquecida. Da minha relação com a origem, que não é relação apenas "causal" ou "fatal", mas relação "filial" e escolhida, é esta escolha que me faz "nascer do alto" e me faz ser "filho de Deus".

Eu posso viver como escravo que suporta sua existência, sua condição, seus sintomas e todos os acontecimentos de uma vida que lhe parece fugir por todos os lados e lhe permanece estrangeira. Ou eu posso viver como "Senhor", como "filho de Deus" que escolhe sua existência como dom e como prova (experiência), como "ocasião" de ser "Eu sou"; ou seja, de ser sujeito da sua existência, e não objeto da sua existência. "Minha vida, ninguém a toma, sou eu quem a dou". Nada guardar "para si"; nem alegrias nem sofrimentos, a vida é uma grande oferenda que, para além da sua anamnese, aguarda sua epiclese, sua consagração; a possibilidade de oferecer até mesmo nossa morte nos torna maiores do que ela. "Morte, onde está a tua vitória? Onde está o teu poder?"

O assombro por estarmos aqui, por sermos um "Eu sou aqui" na aquiescência e no reconhecimento do Ser que me faz ser aqui, pode me conduzir muito longe, até a experiência de um Hallaj, que foi crucificado por ter proclamado nas ruas de Damas: *an al haqq!*, "Eu sou a Realidade", ou "Eu sou a Verdade". E é aqui, no mundo do Islã, que há um eco daquele que também foi crucificado em Jerusalém por ter dito "Eu sou a Verdade", *ego eimi aletheia*.

"Eu sou a Verdade", de fato. O que outra coisa eu poderia ser? "Não há outra realidade a não ser a Realidade". Se o meu "Eu sou" é real, ele só pode fazer um com "o Ser que é a Realidade".

Minha ipseidade[10] é a sua. "Ele e eu somos Um", é Ele quem me faz ser eu, é a Realidade Una que me faz ser Um. Cada um de nós é um "filho único" de Deus, uma maneira única de encarnar a Realidade una.

Yeshua não diz: "Eu tenho a Verdade", mas "Eu sou a Verdade". O cristão, em seguida, não buscará "ter a verdade", mas ser verdadeiro; ou seja, ser realmente "Eu sou" em pensamentos, palavras e atos. O cristão, não mais do que o judeu, o muçulmano, o budista ou o ateu, não "tem" a verdade. Todos aqueles que pretendem "ter a verdade" são pessoas perigosas. Eles querem impor a verdade que eles têm "àqueles que não a têm" ou que têm uma outra verdade, e isso pode até mesmo estar na origem de guerras e conflitos, em nome da verdade e do bem que queremos levar aos infelizes ou "infiéis" que não a têm.

---

10. Aquilo que é determinante para diferenciar um ser de outro(s); o atributo próprio, característico e único de um ser, que o difere dos demais [N.T.].

Novamente, uma "Páscoa" (*pessah*, passagem) ou uma *metanoia* é necessária; "passar da verdade que temos à verdade que somos, e isso é, sem dúvida, uma consequência natural da nossa primeira passagem ou novo nascimento: passar da vida que temos à vida que somos, passar do nosso eu mundano ao nosso "Eu sou Real".

Talvez, à medida que formos envelhecendo ou amadurecendo teremos cada vez menos verdades e nos tornaremos cada vez mais verdadeiros, e isso significa, por vezes, renunciar a verdades que pensávamos ter e possuir para sempre.

A Verdade, assim como a Vida, como o Amor, como Deus, "nunca a teremos".

Trata-se de Ser, de Ser verdadeiro, de assombrar-se de Ser, de estarmos aqui, vivos, de Ser bom, de Ser Deus, maravilhar-se de Ser um "Eu" capaz do Real; "Eu sou", *ego eimi aletheia*.

A palavra verdade, em grego *aletheia*, quer literalmente dizer "saído do sono", da *lethe* ou letargia; *ego eimi aletheia* deveria ser traduzido de maneira mais precisa por "Eu sou/estou desperto"; a *aletheia* é um estado de vigilância e de atenção.

Poderemos, então, compreender melhor essas palavras grandiosas de Cristo: "a Verdade vos libertará"; ou seja, a vigilância, "a atenção vos libertará". Quando estamos atentos, despertos, não somos mais "objeto" dos acontecimentos, mas "sujeito" deles; somos novamente "presença do Eu sou", pura consciência ou consciência encarnada.

Não há liberdade, salvação ou cura sem verdade; ou seja, sem vigilância, sem despertar ao "Eu sou", livre de todas as ilusões ou de todas as mentiras.

"O que é, é; o que não é, não é." Evangelho também diz: "tudo o que dizemos vem do mentiroso" ou do mental; são apenas sobreposições ilusórias, projeções sobre o que é realmente.

Ser verdadeiro é "ser assim"; não podemos nada acrescentar ao real, não podemos tirar-lhe nada. Ele é sempre o que é; tudo está sempre aqui.

"Eu vim ao mundo apenas para dar testemunho da Verdade", e isso significa testemunhar YHWH, o Ser que é o que Ele é, e que faz ser tudo o que é.

Fazer apenas um com Ele, um único "Eu sou", mas diferenciado, o um no espaço e no tempo, o outro no incriado, sem que os dois estejam separados.

É novamente a verdade da sua dupla natureza que se expressa, humana e divina, "sem confusão e sem separação". A verdade, que é a identidade do cristão, tanto hoje como ontem, é também seu assombro por estar aqui, vivo, consciente, desperto, para a libertação, o bem-estar e a grande saúde (*soteria*) de tudo e de todos.

Ser cristão é descobrir-se capaz de amar

Conhecemos a definição de Descartes sobre o ego: "Ego sum res cogitans, id est dubitans, affirmans, negans, pauca intelligens, multa ignorans, volens, nolens, imaginans etiam et sentiens" (A.T. VII, p. 34, 18-21)[11].

---

11. "Eu sou uma coisa pensante, ou seja, que duvida, que afirma, que nega, que compreende poucas coisas, que ignora muitas, que quer e que não quer, que imagina também e até mesmo sente."

Posso duvidar de tudo, mas não posso duvidar que duvido e, portanto, que penso; "penso, logo sou", mas este "eu sou" é apenas um pensamento, e de que serve saber que eu sou se isso não passa de um pensamento? Quando eu não mais pensar que eu sou, não serei mais.

Fragilidade do ser que se torna dependente do seu pensamento, não posso ter mais certeza do meu ser do que tenho do meu pensamento?

E de que serve duvidar se essas dúvidas são apenas pensamentos? O "Eu sou" de Cristo não seria, ele também, apenas um pensamento?

De que serve ser "Eu sou o que eu sou" se for apenas um pensamento dentre outros?

"Eu sou desperto", para quê? Para desfrutar do meu ser? Da minha certeza de estar desperto, porque eu penso estar desperto?

Sublime pensamento, sem dúvida, mas sempre "pensamento", frágil, derrisório... A certeza, "não apenas pensamento", de ser "Eu" só pode vir de um outro.

Como ter certeza de ser o que somos se não somos amados? Se meu "eu" não é o "tu" de um outro "eu"? Não há "eu" sem "tu", não se trata de um *aliud*[12], mas de um *alter*[13]. Eu e Tu somos indissociáveis, "Eu e Tu somos Um" porque o meu próprio ser e o Ser de todas as coisas é relação; é assim que meu ser escapa da categoria da substância. Isso já é ve-

---

12. Do latim *alienus*, "o estrangeiro"; derivado, o "outro" [N.T.].

13. Um eu que não sou eu e que, no entanto, é meu semelhante, meu *alter ego* [N.T.].

rificável no nível subatômico: tudo é interdependente, tudo é relação, nada existe em si. Não há outro "Eu sou" que não seja "voltado para" o outro, *pros ton theon*, diz o Prólogo de São João.

Para o evangelho, não basta pensar para ser; o credo cartesiano "Penso, logo sou" é ultrapassado pelo credo cristão: "amo, logo sou". Ainda é preciso que este amor não seja apenas um pensamento, mas prova e dom de todo ser através do seu prazer e do seu sofrimento.

A consciência de ser "Eu sou" enraíza-se na consciência de ser amado "desde antes da fundação do mundo". E Yeshua, ao longo de sua breve existência, reconhece-se como amado pelo "Ser que é o que Ele é e que faz ser tudo o que é". Ele o chama de seu Pai e de Pai nosso... Mesmo que, por um momento, Ele pareça "duvidar", e para enfatizar seu abandono cite o início do Sl 22: "Pai, por que me abandonaste?", é para introduzir logo em seguida: quer eu prove ou não a tua Presença, "Tu estás sempre comigo". Dessa maneira, ele situa o Amor no coração, mas também além de toda "provação", de toda experiência.

O Ser, o que quer que ele seja, quer eu o sinta ou não, é um "Ser com", um Ser não apenas substancial, mas relacional: "eu sou/estou contigo", este é o Nome revelado a Moisés.

Ao ouvir essas palavras do exterior podemos dizer novamente: são apenas palavras, pensamentos. Podemos acreditar nisso, mas para quê? São apenas pensamentos, e dos piores, dos mais mentirosos, pensamentos que "podem" nos consolar.

Aquele que ama não se preocupa com tantos pensamentos, ele vive, ele é amado, ele ama; talvez não haja amor, "apenas provas de amor". É o que diz São João em sua primeira epístola: "Não amemos em palavras ou em pensamentos, mas em obras".

Se "Deus é Amor", se "Eu sou" é Amor, apenas nossos atos oriundos de uma bondade e de uma alegria desconhecidas podem prová-lo. Não há outra demonstração da verdade do cristianismo: "Pelo amor que tendes uns pelos outros, todos se reconhecerão como meus discípulos."

O amor começa pela justiça: "dar a cada um o que lhe é devido". "Como podes pretender amar se o teu irmão está passando necessidade e tu lhe fechas tuas entranhas?"

As entranhas e o coração fechados são o único infortúnio para o cristão; é o que chamamos de pecado, "o endurecimento do coração e das entranhas".

Há apenas uma tristeza: não amar. Mas amar está em nosso poder? "Não sou eu quem amo, é o Amor, é Cristo que ama em mim", dirá São Paulo; é Deus quem ama primeiramente. Trata-se de reconhecer que a Vida, a Consciência, o Ser, o Amor nos são dados: "O que tens que não tenhas recebido?" Sem esse reconhecimento, nada é possível; o cristianismo é impossível, nenhuma vida feliz e pacífica é possível.

Ser uma "pessoa", ser alguém que diz "Eu" é receber-se de um outro. A cada erguer do seu peito, o ser humano volta a pedir ao elemento exterior o poder de ser ele mesmo, uma espécie de reunificação, de reignição de si mesmo. "No próprio Deus há uma respiração, nós adoramos um Deus vivo, um Deus que respira, que respira a si mesmo"[14]. Jean-Louis Chrétien prolonga a reflexão de Claudel nestes termos: "Se a respiração requer a alteridade e se Deus respira a si mesmo, Ele só pode fazê-lo se houver alteridade nele, se Ele não for o mesmo, levado ao Absoluto e, portanto, se Ele é Deus, a Trindade"[15].

A palavra "Trindade" nos lembra que o fundo do Ser, o Real, é "Relação" – "Nosso programa social é a Trindade", dizem nossos sofiólogos[16] russos; nem comunismo nem capitalismo, ou seja, nem individualismo, nem totalitarismo. Não há liberdade sem comunhão, não há comunhão sem liberdade.

Novamente, não há fusão, mistura, nivelamento, nem separação, solidão, incomunicabilidade, nem mônada nem díade. Apenas a tríade pode simbolizar uma relação que não seja nem dominação nem submissão.

A contradição é possível, ela não é separação. A complexidade está no coração do simples ou do Um, como as ondas distintas estão no coração do oceano.

Apenas muitos ventos podem expressar a unicidade do vento, apenas muitas maneiras de respeitarmos uns aos outros podem viver o "Um diferenciado" do Amor.

---

14. CLAUDEL, P. *Le poete et la Bible* [O poeta e a Bíblia]. Tomo II. Paris: Gallimard, 2004, p. 1.027.

15. CHRÉTIEN, J.L. *La joie spacieuse: essai sur la dilatation* [A alegria espaçosa: ensaio sobre a dilatação]. Paris: De Minuit, 2007, p. 230.

16. Sofiólogo é um especialista em sofiologia. Conceito filosófico relativo à sabedoria, bem como um conceito teológico referente à sabedoria de Deus [N.T.].

Yeshua não apenas nos faz conhecer quem é Deus, mas como conhecê-lo: "Aquele que ama permanece em Deus, Deus permanece nele"; "aquele que não ama, não conheceu Deus" (1Jo).

Conhecê-lo, participar da sua vida através do dom e do perdão, mas também conhecê-lo pela intimidade com a Fonte daquilo que somos: *Abba, A'um*, Pai nosso.

O Ser, que é o que Ele é e faz ser tudo o que é "difusa em nossos corações o Espírito Santo", o Sopro Santo. Todo sopro é uma troca; viver é respirar. Amar é respirar no Sopro Santo. O Santo Espírito é quem faz, em nós, o vínculo entre o finito e o Infinito (o *peras* e o *aperion*[17] pitagórico). Respirar é acolher o Infinito no finito. Não haveria relação se o finito se dissolvesse e se perdesse no Infinito; tampouco haveria relação e vida se o finito não tivesse limites "porosos ou esburacados" que lhe permitissem abrir-se ao Infinito e incorporar-se a Ele. O Amor é não apenas uma emoção, ou um sentimento, mas também uma possibilidade de infinito através do dom e da gratuidade, uma respiração, uma troca. Amar é respirar com Deus, com o mundo, com você...

Não se trata apenas de ser "amante" ou "amoroso" como "um sol que brilha sobre os bons e os maus" ou "amar como a esmeralda é verde"; trata-se também de "querer amar" e de

---

17. Aristóteles coloca o par *peras* ("limite") e *apeiron* ("ilimitado") no topo de uma lista de dez opostos. *Peras* é equiparado à estranheza, unidade, descanso, bondade etc. *Apeiron* é equiparado à uniformidade, pluralidade, movimento, maldade. Os dois princípios, *peras* e *apeiron*, constituíram um dualismo final, sendo não apenas atributos, mas também eles mesmos a substância das coisas das quais eles são fundados. A partir dos pitagóricos, a oposição de *peras* e *apeiron* foi um tema padrão na filosofia grega [N.T.].

amar primeiramente, como Deus ama. Assim nos tornamos, junto com Ele, cocriadores do mundo: "Eis que faço novas todas as coisas". Essa novidade se realiza através dos nossos atos de amor mais humildes, que são por vezes os mais eficazes, pois também é inerente ao amor "dar lugar ao outro". "É preciso que Ele cresça e que eu diminua."

É desta maneira que, segundo a cabala, Deus criou o mundo, "retirando-se" (*tsimtsum*). Deixar todo lugar aos seres humanos para que livremente encarnem a Vida, a Consciência e o Amor que eles são desde o início, mas que só descobrirão, talvez, no final.

O cristão é um "pode ser"[18] mais do que um ser, uma *posse* mais do que um *esse*[19]; como todos os seres humanos, ele pode ser "mais" vivo, "mais" consciente, "mais" amoroso, mais livre... É desse "mais" que depende o futuro do mundo. "Eu sou, eu serei" é a inscrição do Nome divino em tudo o que vive e respira.

Ser cristão é ser livre

Como vimos, ser cristão hoje em dia é, antes de tudo, ser o que somos. Mas ser não é apenas "existir", estar aqui; é ser aqui, ser e estar aqui "vivo". Não é apenas ser e estar aqui

---

18. Jogo de palavras intraduzível para o português: "Le Chrétien est un 'peut-être' plutôt qu'un être" – em francês, "peut-être", significa "talvez", mas quer literalmente dizer "pode ser"; ou seja, o autor quer dizer que "talvez o ser humano se torne um ser, ele é um 'pode ser'" [N.T.].

19. O autor emprega as palavras latinas *posse* e *esse* para dizer que "a possibilidade (*posse*) do ser precede o ser (*esse*)", ou "o pode ser vem antes do ser" [N.T.].

vivo, testemunha da Vida criadora; é ser e estar aqui vivo e de maneira verdadeira, "consciente", testemunha da Consciência e da Luz criadora. Mas seria "apenas" ser e estar aqui vivos, conscientes? De que serve isso?

Ser e estar aqui vivos, conscientes e amorosos; é o amor que dá sentido, sabor e alegria à consciência de sermos e estarmos aqui vivos. É o que torna o ser humano livre, livre "para amar ou não amar". Eis a verdadeira questão. Quanto a ser ou não ser, a questão não se coloca; nós não estamos aqui por nada, somos e estamos aqui por alguma razão se aceitarmos com gratidão, mais do que com desgosto, o fato de sermos ao invés de não sermos.

Ser cristão é ser livre, não mais viver sob a restrição do objeto ou do visível. Por meio do conhecimento e da afetividade, o acesso ao invisível a partir do visível é o exercício da nossa liberdade que, então, não será mais restrição "enclausurada" no visível.

Mediante a liberdade, nós entramos em um conhecimento não apenas passivo, que registra os fatos, mas também em um conhecimento criador, que vivifica os fatos.

Imaginar o mundo de outra maneira não significa negar a maneira como ele é, mas significa dizer que uma outra visão daquilo que é, é possível. Não se trata de mudar o que as coisas são, mas de mudar o olhar que colocamos sobre as coisas. Nós temos a escolha entre um olhar desencantado ou "os olhos do coração"; mas visão científica e visão filocálica não devem ser colocadas em oposição: o ser humano precisa desses dois eles para voar: a Lucidez e o Louvor.

A liberdade de ver as coisas de outra maneira, de maneira diferente da qual elas se apresentam, em sua visibilidade objetiva, mensurável e avaliada por conceitos; elas podem estar aqui, em sua invisibilidade que também é objetiva; ou seja, em processo de vir-a-ser, impermanentes, insubstanciais.

Observá-las com amor (com filocalia) é vê-las tão belas quanto elas são, como elas realmente são.

A inteligência redutora pretende ver as coisas apenas como elas são, reduzindo-as a um modo particular de percepção. A inteligência criadora – ou seja, livre – vê as coisas "belas e tais quais elas são", sem fechá-las em um modo particular de percepção, sem reduzi-las à "objetividade" produzida por este mundo particular de percepção. Essa inteligência livre e criadora está aberta a outras "possibilidades" de percepção. Novamente podemos dizer: o Real é *posse* mais do que *esse*, "pode ser" ("talvez") é mais do que "ser": "um evento em construção" mais do que uma "coisa"; "eu sou" é "eu serei".

A fé cristã, assim como a inteligência e a imaginação criadora, é a expressão da liberdade; o ser humano livre é cocriador do mundo.

A vida, o mundo que lhe é dado, não o restringe; ele pode ser recebido de diversas maneiras e há uma maneira criativa de recebê-lo quando este mundo que lhe é dado é recebido na gratidão e no louvor.

A liberdade do meu olhar sobre o que está aqui pode ser reducionista ou instauradora; de toda maneira, ela é criadora. Sabemos hoje em dia (teorema de Heisenberg) que a nossa maneira de olhar as coisas modifica, "cria" as coisas de uma determinada forma. Não há objeto, mas "acontecimentos", "inter-relações".

"Não pode haver imposição na religião"; a intimidação, o constrangimento, a imposição matam a relação. O cristianismo é a religião da liberdade e do amor; não há liberdade sem amor. A liberdade sem amor pode estar na origem de todos os vícios e de todos os despotismos. O amor sem liberdade não existe, é uma forma de assédio e de violência ou, como já dissemos, de "constrangimento" ou "intimidação".

Paradoxalmente, poderíamos dizer que o amor nos torna "livres da felicidade"; essa felicidade que vem através do consumo e que se tornou uma necessidade hoje em dia, uma imposição; os cristãos serão facilmente acusados de não amar o prazer ou a felicidade.

É verdade que o evangelho não nos convida à felicidade, mas à Beatitude. O cristão não é chamado a ser feliz, mas a ser bem-aventurado, o que é "mais" e "melhor" do que a felicidade. Evidentemente, isso vai contra a essência do "politicamente correto" contemporâneo, para o qual não pode haver nada melhor do que o prazer e a felicidade.

As Beatitudes nos libertam dessa mediocridade tão necessária quanto a saúde. Elas proclamam: "Bem-aventurados os pobres" em uma época em que os pobres, assim como os ricos, só buscam enriquecer. É preciso indicar pobres materialmente, mas também pobres em "espírito". Essa é uma das originalidades do cristianismo, bem vivido por Francisco de Assis e bem teorizado por Mestre Eckhart em seu Sermão 52: "É um homem pobre aquele que nada quer, que nada sabe, que nada possui". Poderíamos traduzir: é um homem livre, o homem livre para com suas posses, suas vontades ou poderes e seus saberes.

"Ter" menos nos aproxima do ser e daquilo que nos faz ser, o único necessário. Relativizar nossos saberes para aguçar ainda mais nossa consciência e nosso conhecimento "daquilo que está aqui, sempre e por todo lado presente". Querer menos, por vontade própria, para deixar ser o querer viver da Vida: "que seja feita a Vossa vontade" é a chave que nos faz entrar em um desejo maior e no movimento do Ser que se dá. Essa é, para Francisco de Assis e Johan Eckhart, "a alegria perfeita" e a Beatitude.

A Beatitude de Cristo, que não tem nem pedra (travesseiro), nem ideia, nem ombro para repousar sua cabeça (Mt 8,20), nenhuma segurança, nenhuma certeza, apenas a fé que o "Pai-nosso", que é o que Ele é e faz ser tudo o que é, Ele que alimenta as andorinhas e faz florescer as flores dos campos, tomará conta de nós (Mt 6,25-34).

Seria necessário reler e meditar todas as Beatitudes para compreender que o cristão, apesar de estar "no mundo", não pode realmente ser "deste mundo".

O reino dos mansos, dos corações puros, dos famintos e sedentos por justiça, daqueles que choram, perseguidos pela verdade, os artesãos da paz... ainda não chegou; no entanto, "ele está a caminho", dizia Chouraqui[20] (conhecemos sua tradução dinâmica das Beatitudes: "a caminho" os pobres, os mansos, os perseguidos).

---

20. Nathan André Chouraqui (1917-2007) foi advogado, escritor e estudioso franco-argelino de origem israelita. Traduziu a Bíblia diretamente do hebraico, mantendo-se fiel ao texto original, possibilitando àqueles que não conhecem o hebraico "sentir" o texto tal qual foi escrito. Tomou parte ativa em movimentos inter-religiosos, buscando a confraternização entre judeus, cristãos e muçulmanos [N.T.].

O cristianismo, assim como o mar, deve ser continuamente recomeçado, "de começos em começos, até os começos que nunca têm fim" (Gregório de Nissa[21]), de atos livres em atos livres, de Beatitudes em Beatitudes, rumo à liberdade e à Beatitude sem fim.

Invisibilidade do cristão

O cristão é invisível, ele não se mostra. Ele é invisível como a Vida, invisível como a luz: "sua Vida está escondida com Cristo em Deus". No entanto, o evangelho pede para ele não se esconder: "Vós sois a luz do mundo; não se pode esconder uma cidade edificada sobre um monte; nem se acende a candeia e se coloca debaixo de uma vasilha, mas no lugar apropriado para que ela dê luz a todos os que estão na casa" (Mt 5,14-16).

O cristão não busca se fazer ver ou reconhecer, o que ele tem de "visível" são suas ações ou suas obras; assim, o que a Vida tem de visível são os corpos, que ao mesmo tempo a violam e a manifestam.

Não é aos cristãos que damos glória, mas à Vida, que através deles realiza a ação, realiza as obras. Se o cristão buscasse se mostrar, ele seria um obstáculo à sua presença. Ele permanece oculto em suas ações, como Deus permanece secreto em seu amor.

---

21. Gregório de Nissa (330-394), teólogo, místico e escritor cristão, Padre da Igreja e irmão de Basílio Magno, faz parte, com este e com Gregório Nazianzeno, dos assim denominados Padres Capadócios. Doutor da Igreja e um dos pioneiros no esforço de conciliar o cristianismo e a filosofia platônica, foi um dos pais da teologia mística [N.T.].

Ele permanece nesta consciência clara e calma onde tudo se move, agita ou dança. Ele é "o espaço" onde todas as coisas acontecem. Para ser "este espaço" não se deve ser "nada" em particular, nem mesmo um átomo, nada além do Tudo. O Um sem segundo. O cristão permanece no claro silêncio do Amor; espaço infinito de escuta, de acolhimento para tudo o que é. Ele abre os braços além das suas mãos, dos seus limites; ele se realiza na cruz, ou seja, "na altura, na profundidade, na espessura do Amor, que ultrapassa todo conhecimento". Ele permanece nesse espaço infinito do coração, nessa abertura no centro do ser humano.

> Quando olho no fundo de mim e de todas as coisas,
> o que descubro?
> o vazio, ou melhor, o silêncio,
> o amor silencioso,
> a vida que se dá.

Eu não descubro "nada" de particular, eu descubro "Tudo" junto interligado; eu não descubro apenas "Eu sou", mas "nós somos". Esse "nós somos" é nossa participação pura, espaçotemporal à relação infinita que os cristãos chamam de Deus, a Trindade.

Ser cristão hoje em dia é viver a vida trinitária, é o Espírito do filho que em nós se volta para o Pai, Pai nosso. Nossa origem comum a todos e a tudo; neste elo reencontrado na origem nós descobrimos que somos todos "irmãos". O cristianismo poderia ser essa grande fraternidade reencontrada, não apenas com os humanos, mas com a terra, as plantas, os animais, todos os mundos visíveis e invisíveis.

Isso pressupõe somente essa abertura do coração que chamamos de oração. Essa oração, caso não seja silenciosa, pode alimentar-se das próprias palavras do Mestre e Senhor, que não se contentou apenas em pronunciá-las; Ele as "viveu". – *Abba* (em hebraico), *A'um* (em aramaico).

"Sobre a terra como no céu": a terra está "aqui", sob nossos pés, o céu como espaço está por todo lugar. Aqui e por todo lugar: "que teu Nome seja santificado". É a primeira obra do cristão, a adoração, o louvor, o reconhecimento maravilhado do Ser que nos faz ser. Ser cristão hoje em dia é contemplar "primeiro" o Amor, aquele que nós devemos encarnar, aquele que nos santifica quando nós o santificamos.

"Venha a nós o vosso reino": que o teu Espírito de liberdade venha e reine, que ele nos liberte de toda tirania, do inconsciente, do passado, de toda sujeição a um mestre, uma instituição, uma ideologia, não importa qual seja. "Não chamai ninguém de pai, não chamai ninguém de mestre"; um único é Deus.

"Seja feita a vossa vontade": que a nossa vontade e o nosso desejo "humanos, humanos demais" abram-se a uma vontade e a um desejo maiores, mais vastos; o próprio desejo da verdadeira Vida e da pura Consciência, do infinito Amor. Que todos esses sonhos ou esses pensamentos elevados que assombram meu espírito se realizem em meu corpo e sobre a terra, e que todos conheçam a paz (*Shalom*: estar inteiro, aqui).

"Dai-nos hoje um pão substancial" (*épiousion*): que ele alimente não apenas nossas fomes materiais, mas também nossas fomes de verdade, de beleza, de afeto, pois "o homem não vive apenas de pão", mas também de conhecimentos, de poesias, de relações. Alimenta também em nós essa fome por espaço, pelo infinito, esse desejo que não é desejo de "alguma coisa", puro desejo que se alimenta de silêncio e do inatingível.

"Perdoai-nos, como nós nos perdoamos." Quem pode perdoar, se não for apenas Deus? Nunca é o eu quem perdoa, há sempre algo de imperdoável; é o *Self* quem perdoa. Se não houvesse em mim algo maior do que eu, eu permaneceria na lei da causa e do efeito, na lei do rancor e do remorso. Não haveria perdão, sempre e novamente apenas pessoas "culpadas", que me impediriam de me sentir "responsável por tudo e por todos", como disse Dostoiévski.

"Não nos deixais levar pela provação; concedei-nos permanecer 'Eu sou'", sujeito, e não objeto dos acontecimentos.

"Livrai-nos do perverso", tanto no exterior quanto no interior. Livrai-nos deste mal, que não é apenas ausência do Bem, mas perversão, crucificação incessantemente renovada do Amor. Pois, como dizia Francisco, "o Amor ainda não é amado"; nós ainda não somos cristãos, nós devemos nos tornar cristãos. Se o ser humano é este lugar no qual o universo toma consciência de si mesmo, o fiel é este lugar no qual o universo ora, onde ele permanece em relação com a sua Fonte e o seu princípio: o movimento da Vida que se dá.

Se o homem não é um ser, mas um "pode ser", ele pode ser cristão. Para amar, nunca é tarde demais.

II

Sentido e sabedoria do ícone
Entre iconoclastia e idolatria, caricaturas e proibições da representação

Esse curto ensaio não é um texto sobre os ícones, o que suporia um certo número de ilustrações – pois isso já foi feito[22] –, mas uma reflexão suscitada por um certo número de acontecimentos recentes.

O ícone será principalmente levado em consideração a partir de um ponto de vista filosófico e poético. Após lembrar os fundamentos históricos e teológicos do ícone, irei propor um certo número de variações sobre temas como a iconoclastia, a idolatria, a caricatura e a proibição da representação, até as considerações mais psicológicas sobre o lu-

---

22. Cf. LELOUP, J.-Y. *O ícone, uma escola do olhar* [L'icône, une école du Regard]. Trad. de Martha Gouveia da Cruz. São Paulo: Unesp, 2006.

gar que podemos dar ao "eu", à identidade humana, ao seu semblante único e particular, à sua ipseidade.

O ego é um ídolo, uma ilusão ou um ícone? O ícone parece nos indicar uma "via do meio", que poderia nos conduzir para longe dos impasses muito contemporâneos que são o narcisismo e o niilismo; narcisismo que idolatra as representações e niilismo que apaga os semblantes...

O ícone entre a iconoclastia e a idolatria

Nossa época parece atravessada novamente por duas grandes correntes, a da iconoclastia e a da idolatria.

A iconoclastia não se manifesta apenas nas formas espetaculares de destruição de obras de arte, como os budas de Bamiyam[23] no Afeganistão e os restos da civilização assíria[24], em nome de um monoteísmo radical que proíbe toda imagem e toda representação da divindade, mas também em um certo consenso laico que proíbe nas escolas e prédios públicos toda representação ou sinal religioso (cf. a história dos presépios na época de Natal, proibidos em diversas cidades da França em nome da laicidade), no espaço mas também no tempo (revogação do descanso semanal e do sentido do *shabbat*, do domingo, assim como dos dias de feriado para festas religiosas como Páscoa, Pentecostes ou Ascensão).

---

23. Referência às estátuas gigantescas (55m de altura) do Buda em Bamiyam, datadas do século VI e que foram destruídas por explosivos colocados a mando do Talibã, "em nome de Alá" [N.T.].

24. Destruição de estátuas do museu assírio de Mossul, assim como estátuas e muros da época assíria da cidade antiga de Nimrud, no Iraque.

A própria arte contemporânea parece habitada por essa iconoclastia na qual, em nome da abstração, toda figuração do Absoluto é banida. Evidentemente, não há imagem possível do Invisível; não se representa a transcendência! O que sobra, então? Resta apenas a densidão das coisas, sem abertura e sem transparência, fechadas em suas imanências, e aqui passamos para uma outra vertente, a da idolatria, o culto mediático das imagens que não representam nada além de si mesmas; ontoautossuficientes, rutilantes, duplicadas, elas invadem todos os tipos de muros e todas as telas, quaisquer que sejam seus formatos. Estranho paradoxo, nós somos uma sociedade cada vez mais iconoclasta e cada vez mais, pela saturação onipresente das imagens, dedicada ao culto dos ídolos. O que nos falta ou o que é esquecido é o sentido e a sabedoria do ícone.

O ícone é esse lugar intermediário, essa via do meio onde o Espírito se materializa e onde a matéria se espiritualiza. A transcendência se manifesta na imanência, a imanência está aberta e é transparente à transcendência. O sentido do ícone é o sentido do semblante, o surgimento na densidão da matéria de um certo olhar, que negamos ou velamos para não nos sentirmos observados, comprometidos, responsáveis pela sua presença.

Entre o vazio para onde nos conduz a iconoclastia e a coisa, o objeto de consumo para onde nos conduz a idolatria, o ícone nos faz falta, pois é exatamente aquilo que faz o vínculo entre o Nada (*no-thing*) e a coisa; o semblante e seu olhar nos fazem falta, pois, apesar de não ser material, não é nada: ele não é "nada" e ele não é alguma coisa.

O esquecimento do ícone é o esquecimento de que a verdade não é apenas o vazio ou a coisa. A verdade tem um rosto, ela não é nada, ou alguma coisa. A verdade é alguém (a hipóstase) e é o que nós somos quando estamos na verdade; "quase nada" sem dúvida, mas esse "quase" é infinito, e "não apenas" uma coisa, e esse "não apenas" também está aberto ao Infinito.

Falta de verdade ou de realidade é falta de presença, de "personalidade" (de hipóstase), é apagar ou destruir nosso semblante, é viver sem olhar ou sem visão[25]. É reduzir-se a ser apenas matéria, matéria sem "consciência" da Luz que a habita.

O surgimento do semblante na história da arte e nas imagens da transcendência remonta ao final do segundo milênio a.C. Conhecemos o famoso vaso de alabastro encontrado em Uruk e outrora conservado no museu de Bagdá (ele ainda estaria lá?). Nele vemos o rei sacerdote que vai ao encontro de uma mulher representada como sua igual e levada para a frente do templo de Inanna. Essa cena foi interpretada como sendo um casamento sagrado, simbolizando as forças vitais que estão em obra no mundo e, em particular, a renovação do ciclo da natureza na primavera. Se levarmos em conta que esses personagens, apesar de poderem ser designados com certeza como divindades, representam, no entanto, papéis, o vaso de Uruk poderia ser, então, a expressão da mais anti-

---

25. Cf. a etimologia da palavra "a-teu", literalmente "sem visão". As palavras *théos* e *théoria* nos remetem à contemplação, como a palavra "Deus", *dies*, nos remete ao dia e à luz.

ga teologia fundamentada sobre uma representação da ação dos deuses[26].

Em seguida temos diversas representações dos deuses, dando testemunho desse desejo ancestral que "quer" ver o invisível e a transcendência, e tenta lhe dar um rosto contemplando as imagens dos seus deuses. Mas junto a esse desejo de "representações" permanecerá sempre em paralelo, mas sem conflito, uma tradição anicônica[27] na qual a divindade é simbolizada por um "mínimo" de representações como, por exemplo, as pedras erguidas ou as pedras furadas (cf. o *lingam* na Índia).

Em Nori, em meados do terceiro milênio a.C., o templo de Ninni-Zaza revelou um bétilo cônico localizado no centro da corte e cercado por estátuas de devotos. Os arquivos do palácio real, datando do Reino de Zimri-lim (1775-1761 a.C.), indicam que essas pedras sagradas eram explicitamente compreendidas como moradas de divindades (*Sikkanum*). Elas estão igualmente presentes em sítios arqueológicos israelenses, como Meggido ou Arad, tendo este último revelado uma estela, centrada, pintada de vermelho, provavelmente ligada ao culto de YHWH, cuja "casa", ou seja, o templo, é mencionado sobre um *ostracon* (fragmento de um objeto de cerâmica).

Na Bíblia, esse tipo de pedras chama-se *masseboth*, como as erguidas por Jacó em Betel (Gn 28,18) e que foram a expressão de culto, feitas para perdurar, de um Israel inicial-

---

26. Cf. ZIADE, R. *Arts sacrés*, n. 14, 2011.

27. Aniconismo é a ausência de representações materiais do mundo natural e sobrenatural em várias culturas, particularmente nas religiões abraâmicas monoteístas [N.T.].

mente nômade até o povo israelita instalar-se em Canaã, por volta de 1200 a.C.[28]

Como sabemos, em um dado momento da sua história, Israel vai operar uma ruptura com toda representação dos deuses e até mesmo com as simbolizações "anicônicas" das pedras erguidas ou *masseboth* (Dt 4,15-23).

Hoje em dia os exegetas consideram que a origem dessa iconoclastia radical data da volta do exílio (a deportação para a Babilônia, que aconteceu em 587 a.C. e terminou em 538 a.C.). Até então, a religião de Israel seria pouco distinta das religiões que a cercavam.

A Bíblia guarda diversos traços do culto feito pelos hebreus aos deuses cananeus Baal ou Astarte, chamada também de Ashera. Esta última é igualmente mencionada como a consorte (a esposa) de Javé nesses documentos extrabíblicos. Duas inscrições encontradas em jarros em Kuntillet Ajrud (Horvat Teiman), praça-forte do norte do Sinai, erguida por volta de 800 a.C., trazem a menção "por Javé" e "pela sua Ashera"...[29]

É neste contexto, no qual a religião de Israel se encontra tingida de tendências politeístas, que será elaborada a ideia de uma proibição das imagens de culto, concebida primeiro como uma vontade de erradicar os cultos dedicados a outros deuses além de Javé, o que ilustra a reforma religiosa de Jo-

---

28. Cf. ZIADE, R. *Arts sacrés*. Op. cit.

29. Lembramos também a "tentação" de Muhammad para integrar no Corão, junto a Alá, as "deusas" das tribos encontradas em seu caminho. Mais tarde, esses versos foram considerados como "versos satânicos".

sias (rei de Judá de 640 a 609 a.C.), na qual os santuários aos ídolos foram destruídos (2Rs 23). Essa proibição ficará mais dura na volta do exílio, quando o javismo se torna um monoteísmo, compreendendo-se ao mesmo tempo como exclusivo e universal: YHWH não é mais apenas o único Deus honrado por Israel; dali em diante ele será considerado o único Deus existente e o Deus de todas as nações.

Esse vínculo entre monoteísmo e proibição dos ídolos expressa-se no primeiro e segundo mandamentos do Decálogo. No primeiro mandamento, Deus se revela a Israel como "Javé, teu Deus" e lhe dá a ordem de não adorar outro Deus. No segundo, ele professa a interdição dos ídolos da seguinte maneira: "Não farás para ti nenhum ídolo, nenhuma imagem de qualquer coisa no céu, na terra ou nas águas debaixo da terra. Não te prostrarás diante deles nem lhes prestarás culto, porque eu, o Senhor teu Deus, sou Deus zeloso que castigo os filhos pelos pecados de seus pais até a terceira e a quarta gerações daqueles que me desprezam" (Ex 20,4-5).

Assim, para Israel, o encontro com Deus deve acontecer sem fazer uso de imagens, o Santo dos santos do templo de Jerusalém abrigará apenas a Arca da Aliança, guardiã da lei, em seguida permanecerá vazia após o seu desaparecimento.

Pois é na Lei que o Deus de Israel se entrega ao seu povo, é através da palavra que Ele se faz conhecer em um diálogo que percorre toda a Bíblia.

Portanto, há fundamento em considerar o Deus de Israel como um Deus audível, e não visível. Para tanto, o desejo de ver a Deus permanece presente nos escritos bíblicos, como mostra o tema do rosto de Deus, proibido à visão dos homens, mas, mesmo assim, procurado por estes. Ver a Deus é certamente arriscar-se a morrer: Moisés vela seu rosto diante da sarça ardente (Ex 3,6), enquanto lembra-lhe, no momento da renovação da Aliança: "Tu não poderás ver a minha face, porque ninguém poderá ver-me e continuar vivo" (Ex 33,20). No entanto, é por meio desse tema da face – ou, mais exatamente, do face a face – que o Êxodo deixa entreouvir que Deus se permitiu ser abordado de maneira mais íntima por Moisés: "Javé falava com Moisés face a face, como quem fala com seu amigo, de homem para homem" (Ex 33,11).

Pois ver a face de Deus é ver o próprio Deus, como mostram diversas passagens em que a palavra é usada como pronome pessoal. Quando Moisés diz a Javé: "Tu me ordenaste: Conduz este povo, mas não me permites saber quem Tu enviarás comigo" (Ex 33,12), Ele responde: "Eu mesmo o acompanharei, minha face irá contigo e eu lhe darei descanso"[30]. Esse encontro não é o único fato das teofanias reservadas a alguns homens favorecidos; ele é possível para cada um no quadro do culto dedicado a Deus no santuário, "onde três vezes por ano todos os homens devem comparecer diante do Senhor Javé" (Ex 23,17); da mesma maneira, em acádio, ver "a face de um deus" (*pan ili*) é cultuá-lo.

Não podemos ver a Deus: o Invisível é invisível, o Transcendente deve permanecer transcendente, o Absoluto deve permanecer absoluto; é proibido representá-lo e, ao mesmo

---

30. DHORME, P. L'emploi métaphorique des noms des parties du corps en hébreu et en akkadien – III: Le visage [O emprego metafórico dos nomes das partes do corpo em hebraico e em acádio – III: O rosto, a face]. *Revue Biblique* [Revista *Bíblica*], 1921, p. 391.

tempo, é pedido que busquemos sua face. É esse paradoxo que vai conduzir teólogos, visionários e profetas a distinguir no próprio Deus, sem separá-los, sua Essência e sua Energia, seu caráter oculto (*Absconditus*) e seu caráter manifestado (*Revelatus*).

Sua face é o seu aspecto manifestado, sua energia, o dom que Ele nos faz de si mesmo, mas permanecendo irrepresentável, inefável e incognoscível.

Só podemos saber de Deus o que Ele nos dá a conhecer de si mesmo: seu "rosto", sua energia, suas teofanias. Não podemos fazer ídolos dessas teofanias, pois elas só existem como sinal da transcendência, presença daquilo que, em sua essência, escapa-nos. É esse sentido do mistério "revelado" ou da face manifestada do Inacessível que está na origem do ícone.

Esse ícone está inscrito no ser humano, já que este é feito à imagem e semelhança de Deus; de alguma maneira, ele é sua "face", sua vertente "explícita", sua manifestação ou teofania. Sua existência manifesta o Ser, que é Existência; sua consciência manifesta o Ser que é Consciência; seu amor manifesta o Ser que é Amor; sua liberdade manifesta o Ser que é Liberdade.

A manifestação de YHWH na plenitude, o Ser que é e faz ser tudo que é, brilhará, para um certo número de judeus do primeiro século, sobre o rosto de Yeshua de Jerusalém, aquele que eles considerarão Messiah, Cristo, "o visível do Invisível", o próprio ícone de Deus, a imagem e a semelhança "realizada" da Vida, da Consciência e do Amor. Não foi o medo de que Ele se tornasse um ídolo (um deus) que levou à sua crucificação?

A mesma dificuldade continua presente: Amar o Invisível sempre reconhecendo e respeitando o visível como sua manifestação. A palavra: "Ele viu que isso era belo" deveria nos libertar das violências da iconoclastia em nome da "pureza do Absoluto". Amar o visível e ao mesmo tempo reconhecê-lo em sua profundeza, animada por um Invisível que nos escapa e o transcende, deveria nos libertar das reduções e das possessões idólatras.

Reencontrar o sentido e a sabedoria do ícone é reencontrar um certo clima não dualista, não monista, não excludente e não reducionista, no qual seriam celebradas as "núpcias" do visível e do Invisível, do criado e do Incriado, do Eterno e do tempo: a Unidade "sem separação e sem confusão" do divino e do humano.

Não é isso que o ícone de Cristo, Sabedoria e Imagem do Deus invisível, "arquétipo da síntese", quer nos ensinar? No entanto, não é de uma hora para outra que faremos imagens ou ícones de Cristo: a proibição da representação perdurou durante os primeiros séculos do cristianismo.

Da não representação de Yeshua nos evangelhos ao ícone de Cristo

Os evangelhos parecem obedecer à proibição da representação. Não encontramos neles, de fato, qualquer descrição de Cristo: Ele era belo, feio, grande, pequeno? Nada sobre a cor dos seus cabelos, da sua barba ou dos seus olhos. Nenhum detalhe sobre sua aparência física, o que parece "proibir" que sejam feitos retratos dele. As tradições divergentes que se fundamentam nas referências do Primeiro Testamento dirão que "nós o vimos sem beleza nem brilho", como o servo sofredor de quem fala o Profeta Isaías; objeto de descarte, mesmo de repulsa, o que corresponde bem à imagem do crucificado. Indo em direção contrária, em referência aos salmos, diremos que Ele era belo, "o mais belo dos filhos dos homens", e se "ninguém jamais falou como este homem", ninguém pode assemelhar-se a Ele em esplendor e em majestade, o que corresponde à imagem que fazemos do Transfigurado e do Ressuscitado. Essas representações demoraram para surgir, não ocorrendo nada durante os dois primeiros séculos. François Boespflug dá seis fatores explicativos para esse "aniconismo" das primeiras gerações cristãs:

1) A filiação judia do cristianismo e o peso da proibição no Decálogo.

2) A preocupação do cristianismo em se distanciar dos "pagãos" (criadores de uma verdadeira "inundação de imagens"), seu consumo de imagens e os valores veiculados pelas formas de arte existentes, incluindo a beleza.

3) A convicção de que Cristo está ressuscitado e exaltado na Luz da glória inacessível, tão bem, que o apego ao seu "retrato" e a curiosidade para com seu aspecto físico não tinham lugar.

4) A insistência do cristianismo sobre a ética, que colocará frequentemente em oposição, por exemplo, em Jerônimo, mas também antes dele, o gosto e o custo da imagem pintada ou esculpida, a serviço dos pobres, nos quais os cristãos encontram Cristo melhor do que em uma pintura.

5) Um certo "desprezo filosófico pelas imagens compartilhado por um certo número de filósofos cristãos", e que andaria de mãos dadas, entre

os próprios pagãos, com a contestação das "imagens divinas", pelo menos entre as pessoas mais eruditas.

6) A precária condição socioeconômica dos fiéis de antes da época de Constantino o Grande, nem todos e nem sempre, mas, em geral, na maioria das vezes desprovidos de bens, vivendo à margem da sociedade, muitas vezes desacreditados e considerados ateus, ignorados pelas autoridades públicas, quando não eram maltratados ou mesmo perseguidos: uma *religio illicita*, uma seita socialmente insignificante não tem condições de criar uma forma de arte específica[31].

Se o nascimento da arte cristã remonta à segunda metade do século III, ela se desenvolverá após o Edito de Milão, em 313, que assinala o fim das perseguições e a ascensão de Constantino, primeiro imperador cristão.

Alguns dirão que essa arte vai se desenvolver em contato com o helenismo "pagão", distanciando-se da sua fonte hebraica. "A arte cristã nasceu herética", dirá Ernest Renan.

Segundo F. Boespflug, "a aura dada a Cristo não foi fixada de uma só vez, a partir do dia em que sua imagem se multiplicou"; longe disso. Não apenas os antigos modelos que continuavam a ser utilizados eram muitos e variados, desde Apolo, Esculápio, o filósofo, o imperador (ou mesmo Júpiter ou Zeus), como também a idade atribuída a Cristo pelos imaginários era em si mesma muito variável – estes dois fe-

---

31. Cf. BOESPFLUG, F. *Dieu et ses images – Une histoire de l'Éternel dans l'art* [Deus e suas imagens – Uma história do Eterno na arte]. Bruxelas: Bayard, 2008, p. 67.

nômenos se combinaram para produzir o que é conhecido como polimorfismo da figura de Cristo, uma contrapartida iconográfica ao polimorfismo de sua aparência já encontrada no nível literário. Dois tipos principais de representação de Cristo vão coexistir durante cerca de dois séculos no mesmo edifício, como em Santa Constança.

Por um lado, temos um Cristo barbudo, de idade madura, que faz sua aparição esporádica na catacumba de São Calixto e na de Comodila e se propaga perto do final do século IV. Sua inspiração, entre outras, vem do antigo modelo do filósofo que ensina e leciona. Sobre diversos relevos de sarcófagos que representam a *Traditio Legis*, Ele é igualmente representado como um adulto, dominando os Doze, como doutor, legislador e juiz. Por outro lado, temos uma figura de Cristo imberbe, de idade variável, que domina as cenas veterotestamentárias[32] e as cenas de milagres representadas nos sarcófagos e catacumbas do século IV. Por exemplo, Cristo é apresentado como um homem jovem ou como um efebo exsudando força, como no painel de mosaicos de um pavimento de uma vila cristã datado de "cerca de 400", encontrado em Hinton-Saint-Mary, na região de Dorset, na Inglaterra, ou ainda como um adolescente, como no relevo do sarcófago de Junius Bassus, datado de 359: no centro do registro superior, um Cristo jovem e imberbe senta-se em um banco, flanqueado por dois apóstolos, dominando uma personificação do cosmos ou do céu; bem acima, a entrada de Cristo em

---

32. Relativo ao Antigo Testamento. É uma palavra constituída por "vétero" (do latim *vetus* – velho) e pelo adjetivo testamentário, "relativo a testamento" [N.T.].

Jerusalém. Ele é igualmente representado como um menino, como em certos afrescos das catacumbas que representam seu batizado no Rio Jordão. Esta última imagem de Cristo pode ser vista como um eco do tema da infância espiritual e da humildade, da qual Cristo deu um exemplo naquela ocasião: a baixa idade que lhe é conferida nessa circunstância poderia ser a tradução pictórica da apelação do nome *paid* ("criança", "menino" em grego) sob a qual, pressionada pela Septuaginta e o *corpus* paulino, Cristo foi comumente referido até boa parte do século IV[33]. Apenas por volta do último terço daquele século que a iconografia de Cristo insistiu sobre sua divindade e gerou a imagem do Pantocrator[34].

O conteúdo e o significado das representações evoluem ao mesmo tempo em que evolui a reflexão sobre os dados escriturísticos, nos quais é indicada a união das duas naturezas, humana e divina, na hipóstase ou pessoa de Cristo.

Foi apenas no século VI que certas imagens ascenderam ao *status* de ícone propriamente dito; ou seja, foram consideradas objeto de veneração. Naquela época surgiu a tradição dos ícones *acheiropoietes*, "não feitos por mãos humanas", particularmente o ícone da "Mãe de Deus", atribuído a São Lucas.

---

33. Cf. BOESPFLUG, F. *Dieu et ses images...* Op. cit.

34. Cristo Pantocrator (Criador de todas as coisas) é a representação artística de um Cristo em glória; ou seja, Jesus Cristo em seu corpo glorioso em oposição às representações mais humanas de Cristo sofrendo a Paixão na cruz, ou o Menino Jesus. Cristo Pantocrator é representado como um adulto, barbudo, com cabelos compridos. Ele geralmente segura um livro e faz um gesto de bênção, seus dois dedos estendidos simbolizando sua dupla natureza, humana e divina, e os outros três dedos unidos representando a Trindade [N.T.].

Para acentuar seu caráter sagrado e sua entrada na Igreja e sua liturgia, as imagens não fazem mais parte da decoração, quer esta decoração seja alegórica ou simbólica. As pessoas passaram a se prosternar e a orar diante delas, acender incensos e velas, beijá-las... Mas é óbvio que para os fiéis daquela época elas não eram nem a madeira, nem o ouro, nem a forma representada, nem sua estética que era venerada, mas a hipóstase ou pessoa, sempre invisível. Os elementos materiais do ícone eram testemunhas, assim como o rosto e o corpo de Cristo eram as testemunhas visíveis do Ser/Amor infinito e invisível que habitava nele. Mas a partir daquela época aconteceram certas derivações idólatras, quando o "suporte material" passou a ocupar todo lugar e começou a ser venerado por si mesmo, impedindo, assim, a relação com a Presença assinalada pelo ícone.

Essa "adoração" da matéria, ou idolatria, conduziu à reação da iconoclastia para lembrar que apenas o invisível e o transcendente merecem nossa adoração, tendo como consequência, por vezes, o desprezo e a rejeição da matéria, do mundo e de toda carne perecível.

Os concílios e a fé ortodoxa tentaram preservar essa "via do meio", que é o cristianismo diante das idolatrias gregas e pagãs e das iconoclastias judias e muçulmanas.

A encarnação, de fato, é o fundamento do cristianismo e também o fundamento do ícone, que dá testemunho dela. "Eu não venero a matéria, mas o criador da matéria (a hipóstase) que se fez matéria para mim e que se digna habitar na matéria e operar a minha salvação pela matéria"[35].

---

35. JOÃO DAMASCENO. Imag. I, 16. In: *P.G.* 94, 1245.

Do invisível ao visível; da encarnação e da sua hipóstase

Diversas passagens do Segundo Testamento confirmam o que foi escrito no Primeiro sobre o caráter invisível e irrepresentável de Deus. João afirma: "Ninguém jamais viu a Deus", mas continua dizendo: "O filho monogênico, que está no seio do Pai, Ele nos fez conhecer" (Jo 1,8).

A invisibilidade de YHWH é afirmada, qualquer que seja o conteúdo das visões proféticas que prefiguram a revelação, não apenas cósmica, mas antropomórfica de Deus (cf. Dn 7,9-14; Ez 8,1-5; Is 6,1-5; Am 9,1; Ex 24,9-11; Ez 10,1-5). Consequentemente, nenhuma imagem de Deus fundamentada sobre ela é possível; é apenas através do filho que conhecemos o Pai. Paulo lembrará a luz inacessível na qual Deus habita: "Ao Deus imortal, invisível e um, honra e glória pelos séculos e séculos" (1Tm 1,17). "[...] Senhor dos senhores, o único que possui a imortalidade, que habita em luz inacessível, a quem ninguém viu nem pode ver" (1Tm 6,16).

João, em suas epístolas, novamente menciona o caráter invisível, irrepresentável de Deus – "Ninguém jamais viu a Deus" (1Jo 4,11-12) –, sempre indicando que "aquele que ama permanece em Deus e Deus permanece nele", e que é através do amor que Deus tornou-se "visível" no mundo, assim como é pelo Amor que Ele encarnou e fez brilhar sua luz sobre a face de Cristo.

> O que é desde a origem,
> o que nós ouvimos,
> o que nós vemos com nossos olhos,
> o que nós contemplamos,

o que podemos tocar com nossas mãos:
o Logos, o Vivente.
A vida manifestada,
nós a vemos,
dela somos testemunhas
e nós vos anunciamos
a Vida infinita que vem do Pai
e que se manifesta a nós.
O que vemos,
o que ouvimos,
nós vos anunciamos
para que vós também estejais
em comunhão conosco
e essa comunhão é
com o Pai e com seu Filho Yeshua,
o enviado (1Jo 4,1-3)[36].

Os evangelhos acrescentam: "Sois felizes, pois vossos olhos veem e vossos ouvidos escutam. Em verdade, eu vos declaro, muitos profetas, muitos justos desejaram ver o que vedes e não viram, ouvir o que ouvis e não ouviram" (Mt 13,16-17; Lc 10,23-24).

Devemos perceber a menção a esta aliança da visão e da escuta, como se na pessoa de Cristo estivessem reconciliadas a sabedoria helênica orientada para "a visão" e a sabedoria semita fundamentada sobre "a escuta". Esse "escutar-ver" é próprio da sabedoria cristã desenvolvida pelos Pais desde Inácio de Antioquia, por volta do ano 105, até São João Damasceno, em 740.

---

36. Versão em português baseada na tradução de Jean-Yves Leloup, de *Épîtres de Jean*. Paris: Albin Michel, 2014.

A manifestação no tempo do Eterno – a encarnação ou a humanização do Logos – não abole o segundo mandamento do Decálogo. Deus continua invisível, irrepresentável, e na tradição ortodoxa todas as representações de Deus ou do Pai são proibidas porque são impossíveis. O invisível não pode ser visível. Jamais conheceremos Deus em sua essência, mas apenas em suas energias ou teofanias, assim como não conhecemos o "coração" do sol, apenas seus raios. No entanto, cada raio de sol, mesmo não sendo "todo" o sol, continua sendo o sol; daí a afirmação paradoxal, não idólatra, do cristianismo e do ícone a respeito de Cristo e da encarnação: "Ele é a imagem (*eikon*) do Deus invisível" (Cl 1,15); assim como o Amor, Ele é "o visível do invisível", e pode dizer a Felipe que lhe pede "Senhor, mostrai-nos o Pai, e isso nos bastará": "Há tanto tempo que estou entre vós, Felipe, e tu não me vês. Quem me viu, viu o Pai" (Jo 12,45), quem vê o rio vê a fonte, mas é preciso ter olhos para ver.

O Evangelho de João afirmará que ninguém pode ver o Pai no filho, Deus no humano, o Invisível no visível se não for através do Espírito Santo (ninguém poderá dizer "Yeshua é Adonai" se não for o Espírito Santo).

É preciso que à cegueira ou à miopia do olhar humano unam-se a Sabedoria e o Espírito divino. É apenas através de Deus que podemos ver a Deus em todas as coisas. É preciso nos tornarmos semelhantes a Ele para vê-lo tal qual é, em tudo e em todos (cf. 1Jo, 4). As reflexões e meditações dos teólogos sobre esses dados escriturários levaram ao decreto do Segundo Concílio de Niceia, em 13 de outubro de 787.

Os ícones confirmam em sua própria linguagem a prédica apostólica e testemunham, à sua maneira, com a força do visual, a realidade da Encarnação, essa harmonia concordante com o anúncio do evangelho, é sua justificativa essencial. Apesar do querigma[37] guardar a proeminência sobre o ícone, este poderia reivindicar a designação de *diakonia tou logou* (At 6,4: "o serviço da palavra"). Alguns Pais do concílio ressaltaram a superioridade da serva sobre a senhora em termos do poder de despertar emoções. Mas a própria assembleia do concílio não fez disso sua posição oficial. A visão e a audição, longe de serem rivais, foram colocadas em equivalência ou, ao menos, em associação.

Quatro "sujeitos" do ícone são nomeados no *horos*: Cristo, a Virgem, os santos e os anjos, nesta ordem – esses são temas de pintura, não de dogmas nem de verdades, o que dá a entender que a relação do fiel com o ícone é uma relação de pessoa para pessoa. O silêncio feito sobre outros assuntos nos quais poderíamos pensar, sobretudo sobre eventuais ícones de Deus Pai, do Santo Espírito ou da Trindade, estabelece que os Padres não previram tais ícones. Para os outros, o decreto encoraja a fabricação dos ícones sobre todos os suportes e sua exposição em todo lugar ("nas santas igrejas, sobre os vasos e as roupas, sobre as paredes e as tábuas, nas

---

37. Palavra de origem grega que significa "proclamação". Este termo foi utilizado para designar o conteúdo essencial da profissão de fé em Jesus Cristo, anunciada e transmitida aos novos fiéis pelos primeiros cristãos. Refere-se aos trechos da tradição oral encontrados no Novo Testamento; relaciona-se aos textos que expressam uma forma de adoração religiosa ou trazem os ensinamentos de Jesus Cristo [N.T.].

casas e nas ruas"); assim aflora claramente a ideia de marcar todo o espaço circundante com a mensagem cristã. A utilidade dos ícones é, enfim, objeto de uma menção capital. Seu objetivo primeiro não é didático ou decorativo. É conservar a lembrança e o desejo dos "protótipos": pessoas santas cujos ícones são as efígies; ou melhor, uma forma de presença. A veneração (*douleia*) dos ícones é livre para se expressar em diversos gestos: beijar (*aspasmos*), prosternar-se (*proskunesis*), acender velas, incenso etc. No entanto, isso não é suficiente para lhes conceder a adoração (*latreia*), que só é devida a Deus: a adoração não se dirige nem à arte nem à matéria do quadro pintado, mas à pessoa representada, pois "a honra concedida ao ícone refere-se ao protótipo"; ou seja, àquele que é representado no ícone. Esse adágio que visava, sob a pluma do primeiro autor a tê-lo pintado – Basílio de Cesareia (330-379) –, não a imagem material, mas o próprio Cristo, "ícone do Pai", é transposto à veneração dos ícones, que permite incluir as pessoas que eles representam e fazer o mesmo caminho feito pelos fiéis, no qual Cristo conduz os crentes ao Pai[38].

> O silêncio dos Padres do Segundo Concílio de Niceia a respeito de eventuais imagens da Trindade, após quatro séculos em que as três pessoas foram tão debatidas, é impressionante por si só. Não pode ser equiparado a uma omissão, nem a uma medida conciliadora, nem a um mero silêncio circunstancial, que se deve ao fato de que "as imagens simbólicas de Deus não estavam, portanto,

---

38. Cf. BOESPFLUG, F. *Dieu et ses images...* Op. cit., p. 113-114.

em uso no Oriente na época da iconoclastia e o concílio não se viu obrigado a se pronunciar sobre elas"[39].

É preciso ir mais longe e convém ver aí uma exclusão de princípio. Os debates conciliares, se não a carta do decreto, implicam a oposição entre a "representabilidade" do Filho encarnado e a impossibilidade de representar o Pai, o Espírito ou a Trindade. O sermão de João de Tessalônica, lido durante a quinta sessão do concílio, segue essa linha: "Nós fazemos imagens de Deus; ou seja, de Nosso Senhor e Salvador Jesus Cristo, como Ele foi visto sobre a terra. Já que o Filho único de Deus encarnou, nós pintamos sua humanidade, mas não a divindade incorpórea". Essa limitação, como foi explicado, não atinge os anjos: apesar de estes serem, por vezes, incorpóreos, são criaturas; eles não são puramente espirituais. Mas eles têm um corpo sutil e foram vistos diversas vezes na aparência de seus próprios corpos. Apenas a divindade incriada e incircunscritível (*aperigraptos*): a impossibilidade de figurá-la é, portanto, de ordem metafísica (ela depende da natureza das coisas), antes de ser propriamente doutrinária.

O Segundo Concílio de Niceia só fez recapitular a reflexão dos primeiros teólogos iconódulos[40]. Germano, que foi patriarca de Constantinopla entre 715 e 730, no período da eclosão da querela, e que tinha uma posição moderada sobre essa questão, já resumia em uma frase a posição que seria

---

39. BOESPFLUG, F. Apophatisme théologique et abstinence figurative – Sur l'"irreprésentabilité" de Dieu (le Père) [Apofatismo teológico e abstinência figurativa – Sobre a "irrepresentabilidade" de Deus (o Pai)]. *Revue des Sciences Religieuses*, v. 72, n. 4, 1998.

40. Aquele que venera a representação figurada das pessoas divinas [N.T.].

consagrada pelo concílio: "Nós não fazemos imagem alguma da divindade invisível, senão a do Filho, que se dignou fazer-se homem, e é por esta razão que nós o representamos como Homem". João Damasceno expressou-se da mesma maneira: "Tendo recebido de Deus o discernimento, nós sabemos o que podemos ou não transformar em ícone. Enquanto Deus for invisível, não faça ícones, mas desde que tenhas visto o incorpóreo que se fez homem, faça a imagem da forma humana: quando o invisível se torna visível na carne, pinte a semelhança do invisível [...] desenhe, então, sobre o teu painel e proponha à contemplação aquele que aceitou ser visto". "Outrora, Deus, sem corpo nem forma, não era de forma alguma representável, mas agora que Deus apareceu na carne e viveu entre os homens, eu represento aquilo que é visível em Deus." A encarnação do Filho de Deus não é, portanto, sinônimo de revogação pura e simples do Decálogo: "Se alguém ousar fazer uma imagem da divindade imaterial e incorpórea [do Pai], nós o rejeitaremos", escreveu Damasceno.

Essa posição coincide também com a adotada pelo único papa, entre João V (685-686) e Zacarias (742-752), que não tinha raízes orientais nem era originário da Itália do Sul, onde havia grande influência grega; ou seja, Gregório II (715-731). Ele declarou em uma das suas duas cartas ao imperador iconoclasta Leão III: "Por que não representamos o Pai do Senhor Jesus Cristo? Porque não sabemos o que Ele é [...]. Se nós o tivéssemos visto e conhecido como nós vimos e conhecemos seu Filho, nós teríamos tentado descrevê-lo e representá-lo por meio da arte"[41].

---

41. Cf. BOESPFLUG, F. *Dieu et ses images...* Op. cit., p. 113-114.

O cristianismo e o ícone vão, assim, introduzir na humanidade uma arte de viver paradoxal, em que Deus, sempre permanecendo Inacessível e Transcendente, revela-se na carne e na matéria, nas quais Ele permanece imanente e próximo. Essa arte de viver consiste em não mais misturarmos ou confundirmos os diferentes níveis do Real. A ciência e o discernimento devem incessantemente ser exercidos. Trata-se também de nada colocar em oposição, tampouco nada separar, pois no coração desses diferentes níveis de realidade, o Real é um. A filosofia e a filocalia devem incessantemente ser exercidas.

É isso que o mais simples amor nos ensina: o outro é um outro; ele deve ser respeitado em sua alteridade. Sua alteridade não é uma separação, mas a própria condição para um encontro, uma relação; o que em termos mais religiosos chamaremos de "aliança".

O que torna impossível essa relação ou essa aliança é o esquecimento ou o desprezo pela hipóstase (a pessoa, o sujeito) em si mesmo ou no outro. A hipóstase é justamente o segredo do ícone e da sua veneração.

O que é representado em um ícone não é a "natureza" humana de Cristo, pois isso não passaria de uma imagem como as outras, uma "coisa", um objeto de arte ou um ídolo. Tampouco é a natureza divina irrepresentável: "Deus, nunca ninguém jamais o viu".

O que é representado é a hipóstase. Aquilo que faz o vínculo entre a natureza humana e a natureza divina, o elo entre o visível e o invisível. A hipóstase, que traduzimos por "pessoa", é aquilo pelo qual "o som" passa – *per sona*, a forma –, através do qual a Vida, a Consciência, o Amor se dão.

O ícone representa a pessoa de Cristo, de Maria e de todos os santos. Aquilo que neles une o divino e o humano, o terrestre e o celeste. O que torna o divino humano e o humano divino é a Energia, o *Pneuma theos*, o Espírito Santo.

O ícone é, então, o terceiro incluso. Quando o terceiro está excluído, é o sentido da transcendência, sem imanência, sem respeito pela manifestação que prevalece, e isso pode conduzir à iconoclastia, à destruição de tudo o que foi criado, da matéria, à destruição de tudo o que é "humano, demasiado humano".

O terceiro excluído também está na Fonte da imanência, separada da transcendência, autossuficiente, autogerada, "autônoma"; a densidão da coisa, da matéria e dos seus diferentes corpos que pode conduzir à idolatria.

O ícone assinala o terceiro incluso, a hipóstase que une e diferencia os dois, o humano e o divino, o visível e o invisível. Toda "pessoa" é um sinal disso, não apenas seu corpo, sua alma ou o seu espírito, mas seu ser inteiro. Todo composto humano, corpo-alma-espírito, unidos pelo *Pneuma*, o Espírito Santo, torna-se uma hipóstase, um ser único, uma ipseidade.

O que é a imagem de Deus em nós, o que faz de nós um ícone é a nossa ipseidade, nossa pessoa; ou seja, nossa capacidade de relação[42], relação interna com nossos diversos componentes, relação com o outro e com seus diversos componentes: corpo a corpo, coração a coração, espírito a

---

42. Pessoa quer dizer relação. Cf. TOMÁS DE AQUINO. *Summa Teologica*, I, q 29.

espírito. A imagem de Deus é o que nos torna capazes da relação de pessoa a pessoa (hipóstase). A etimologia da palavra hipóstase evoca o que está "sob" a substância. O que a sustenta, de fato, é a relação, a inter-relação dos seus componentes e, através dela, a relação com tudo o que existe, visível e invisível, humano e divino.

O ícone da transfiguração e a interpretação do mundo

Podemos compreender por que o primeiro ícone que um iconógrafo aprendiz deve fazer seja o ícone da transfiguração, pois é nesta luz da transfiguração ou *metamorphosis* que ele deverá contemplar todos os acontecimentos da vida de Cristo e os acontecimentos do mundo. Se ele pintasse a crucificação de Cristo ou os acontecimentos mais dolorosos ou injustos deste mundo fora desta luz, o resultado seria apenas um quadro aterrorizante, que só poderia acrescentar seu horror e seu absurdo ao horror e ao absurdo deste mundo.

Sem a luz incriada que abriu os olhos dos discípulos à densidade do Real manifestado na realidade de Cristo, de Moisés e de Elias, que lhe apareceram em "glória", ou seja, com todo o peso da sua presença (*Qavod*), não seria mais um ícone, mas um quadro "realista", hiper-realista ou surrealista dos fatos interpretados.

O ícone da transfiguração é, de fato, um ícone da parusia[43], ou seja, um ícone do destino escatológico da matéria

---

43. Crença no regresso de Jesus Cristo no fim dos tempos, para o cumprimento do Juízo Final [N.T.].

que é o de ser pura luz. O mundo vem do relâmpago e volta ao relâmpago; o momento da transfiguração é um momento de "relampejar".

O mundo vem da consciência incriada e criadora e volta à consciência incriada e criadora. O momento da transfiguração é um momento em que a consciência humana toma consciência da Consciência infinita que a habita, é um momento de despertar.

O ícone nos convida a aprender a ver todas as coisas nesta luz e nesta consciência, revelada nos dias da transfiguração. Ver certos acontecimentos ou inspirações recebidos à luz do ícone da anunciação. Ver certas visitas, certos encontros à luz do ícone da visitação. Ver o nascimento da criança e nosso próprio nascimento à luz do ícone da natividade.

Todos os acontecimentos da vida de Cristo representados nos ícones e acompanhados pelas palavras do evangelho podem esclarecer e iluminar os diversos acontecimentos da nossa vida, particularmente os acontecimentos dolorosos, que podem ser vistos à luz do ícone da crucificação; o que nos é transmitido não é o triunfo da dor e do absurdo, mas o triunfo do Amor e da liberdade que se dão: "Minha vida ninguém a toma, sou eu quem a dou..."

O ícone não mostra a morte de um escravo, mas a morte de um Senhor que "salva" sua humanidade e a nossa, permanecendo humano até o final, até ao extremo do dom e do perdão.

"Pai, perdoai-os, eles não sabem o que fazem"; o ícone da cruz é, então, como dizem os antigos, "o grande livro da arte de amar". O livro do homem "aberto" às quatro direções e às violências que o despedaçam em um amor que se revelará mais forte do que a morte.

Não basta ver os ícones, como no episódio da transfiguração, é preciso também ouvi-los. É por isso que eles devem sempre ser acompanhados pelas passagens dos evangelhos que eles tentam simbolizar, interpretar mais do que ilustrar.

Não há, por exemplo, um ícone de Cristo ressuscitado. A luz da ressurreição só é evocada pelo ícone da transfiguração. O ícone da ressurreição propriamente dito é o do túmulo vazio cercado pelas portadoras da mirra e pelos anjos; nesse caso, a iconografia segue o texto dos evangelhos.

Da mesma maneira que o próprio Deus "nunca ninguém jamais o viu, Ele permanece e habita uma luz inacessível", nunca ninguém jamais viu o Ressuscitado ressuscitando, ninguém pode representar a passagem (a Páscoa) da matéria à luz.

E essa é, novamente, uma mensagem e uma luz para aqueles que contemplam o ícone do túmulo vazio. O ressuscitado, assim como a ressurreição em cada um de nós, não é algo a ser compreendido, não é um ser ou um estado que possamos possuir. É o próprio Real sempre presente e que nos escapa incessantemente, infinitamente próximo e sempre inacessível.

É quando nossos olhos e nossa compreensão abrem mão de toda "captura" que o Real nos aparece; Ele surge em todas as formas reconhecidas como manifestação da sua luz, como Maria Madalena que, no jardim da ressurreição, reconhece de repente seu Rabuni, mestre bem-amado, no jardineiro, mas Ele pede que ela não o detenha, nem na forma na qual ela o conheceu e amou, nem na forma na qual Ele hoje lhe aparece. "Não me retenha", *nolli me tangere*; de agora em diante "tudo aquilo que fizeres ao menor dentre vós, é a 'Eu sou' que tu o fazes" – a luz se revela apagando-se diante das realidades que ela ilumina.

Não são apenas os ícones que evocam os acontecimentos históricos da vida de Cristo que devemos contemplar à luz do Monte Tabor.

Há também os ícones mais "dogmáticos", como o ícone da hospitalidade de Abraão; vemos Abraão e Sara acolher três anjos ou três estrangeiros, nos quais os Padres reconhecerão a presença do Deus vivo. Desta maneira, esse ícone poderia iluminar todos os nossos atos de hospitalidade.

O ícone da Trindade mais conhecido é, sem dúvida, o ícone de Roublev, exposto na Galeria Tretiakov, em Moscou. Ele evoca, pela sobriedade das formas e dos símbolos que o constituem, mas também pela interpenetração sem mistura das suas linhas (côncavas e convexas) e das suas cores, o que poderia ser um mundo, uma fraternidade "à imagem de Deus", ou seja, à imagem desta relação perfeita e infinita que é a Trindade. É essa relação que Roublev quis representar e transmitir. As pessoas são "iguais", voltadas umas para as outras. Cada uma delas só encontra o seu eixo neste movimento em direção ao outro, pessoas que não se confundem nem se separam: nem individualismo nem fusão ou mistura na indistinção. Compreendemos que, sob esta luz, alguns filósofos russos viram o que deveria constituir seus programas sociais: "nem capitalismo nem comunismo, nem anarquismo nem totalitarismo".

Eles buscavam na luz deste ícone uma visão do homem e da sociedade que representasse uma relação entre pessoas na liberdade e no amor, mais do que na manipulação e na sujeição de indivíduos no desprezo e na desconfiança recíprocos.

Mas já faz muito tempo que os políticos não olham mais para os ícones, eles preferem os gráficos de estatística onde estão indicados seus índices de popularidade; ali estaria "o Real", os fatos verdadeiros que deveriam ser levados em consideração para que seu poder seja mantido.

"Não há fatos, há apenas interpretações", dizia Nietzsche; mas para que haja interpretação é preciso que haja um fato, "alguma coisa" a ser interpretada, seja uma borboleta, um encontro ou uma crucificação. Alguns dirão que não há borboletas, mas a interpretação de um certo número de ondas sonoras e coloridas que chamarei de "borboleta" e que não existe como tal antes que eu a tenha assim percebido e denominado.

Não há encontro, mas visão de uma interdependência necessária entre átomos e moléculas, que vou interpretar como sendo um encontro maravilhoso ou hostil. Este jogo de átomos religados às minhas sinapses só se torna um "encontro" quando eu o chamar assim.

Não existe crucificação, mas o resultado de circunstâncias em um certo lugar, em uma certa época. O que eu interpreto como uma morte ignóbil e injusta, ou como uma morte redentora, só aconteceu no espírito dos homens e das mulheres que contemplaram esse acontecimento. Foi no interior, foi no exterior da sua consciência? "Foi no meu corpo, foi fora do meu corpo?", perguntou-se São Paulo após um "encontro" com o Inesperado.

Essa luz é Una, a Luz está no interior e no exterior; o fato, o acontecimento, a coisa e a sua interpretação são uma única e mesma realidade. Se virmos todas as coisas em uma consciência aberta, o fato e a sua interpretação são duas manifestações desta mesma Consciência, o objeto e o sujeito são a experiência indissociável da sua unidade.

A luz que vemos em forma de "coisas", acontecimentos, borboletas, encontro ou crucificação é a própria luz pela qual eu os contemplo e os interpreto; os corpos e os espíritos que o mental distingue como sujeito e objeto são as polaridades mais ou menos próximas ou afastadas de uma única Consciência, de uma mesma Luz.

A luz que aparece aos discípulos sobre a montanha da transfiguração é, indissociavelmente, a luz do seu próprio espírito, de seus sentidos despertos e a própria luz que habita Cristo, Moisés, Elias e o cosmos transfigurado. Ao invés de dizer: "Nada pode ser fora do Todo", nós dizemos: "o Infinito é aquilo que não tem nem fora nem dentro". Nele nós temos a vida, o movimento e o ser, nele nós temos o fato e a sua interpretação, o objeto e o sujeito, o que percebe e o que é percebido, a matéria e o espírito, a luz do intelecto que vê e a luz da borboleta que é vista.

"Na luz nós vemos a Luz", mas esta visão ou transfiguração, a partir do momento em que buscamos compreendê-la e fazê-la entrar na "tenda" estreita da nossa representação, desaparece; permanece a aporia, a questão, "a nuvem" que envolve os discípulos, e tendo no coração essa certeza, é entreouvida uma voz serena e alegre: "Esta é a origem e o destino da matéria, esta é a luz bem-amada". A luz supraessencial sempre aqui, presente, seja sobre a montanha resplandecente ou a colina do Gólgota. Seja através das nossas maiores alegrias ou das nossas maiores dores, é "Eu sou" quem se dá e se manifesta: o Ser que é o que Ele é (YHWH), Vida-Consciência-Amor, não há outra realidade além da Realidade.

O ícone da Sagrada Face e o Sudário de Turim

Dentre as imagens de Cristo, o ícone da Sagrada Face, considerado como *acheiropoietes* ou "não feito por mão humana", ocupa um lugar privilegiado dentre os ícones. Sua origem, junto com o relato do ícone de Edessa, mistura lenda e história. O Sudário de Turim é para alguns o fundamento histórico dos diversos relatos que dão testemunho de um ícone da Sagrada Face *acheiropoietes* que foge às considerações e explicações humanas.

A tradição transmitida em seus elementos essenciais em meados do século VI por Nicéforo Calistas conta que: "o primeiro ícone de Cristo foi enviado pelo próprio Cristo ao Rei Abgar V Oukhama, príncipe de Osroeme, cuja capital é Edessa". É interessante observar que o Reino de Edessa será o primeiro reino cristão do mundo, entre 170 e 214, sob o Rei Abgar IX.

Como o Rei Abgar V era leproso, ele pediu ao seu arquivista Hannan que lhe trouxesse o Cristo. Não podendo deslocar-se, Hannan tentou fazer o retrato de Cristo, mas em vão, "devido à glória indizível do seu semblante que era mutável na graça".

Portanto, o próprio Cristo pegou um pedaço de tecido branco e o aplicou sobre seu rosto. Sobre o pano branco ficou impresso, então, o semblante do Senhor. Chamamos esse pano branco de *mandylion*, ou seja, "lenço". Ao ver este rosto, o rei ficou curado. Tendo o neto de Abgar voltado ao paganismo, o bispo da capital real mandou emoldurar a Sagrada Face.

Chosroes, o rei dos persas, tomou de assalto a cidade em 544, mas graças à Sagrada Face, Edessa foi poupada. Quando os árabes ocuparam Edessa em 630, eles não proibiram a veneração da Sagrada Face. Os Padres do VII concílio ecumênico de 787 e São João Damasceno fizeram referência a ela.

O ícone foi, em seguida, objeto de um formidável comércio quando os imperadores de Bizâncio, Constantino Porfirogênito e Romano I, compraram o ícone em 944 pelo preço de duzentos prisioneiros sarracenos e doze mil peças de prata. No dia 16 de agosto é celebrada a festa da sua transferência para Constantinopla. Infelizmente, em 1204, devido ao cerco dos cruzados à Constantinopla, o ícone da Sagrada Face desapareceu.

O que quer que tenha acontecido, esse primeiro ícone "não feito por mãos humanas" deu origem a diversos ícones belíssimos "não feitos por mãos humanas". Na França, esse ícone é bem conhecido graças ao ícone de Laon, onde lemos a seguinte inscrição: "Imagem do Senhor sobre um pano branco [...]"[44].

No Ocidente, o tema da Sagrada Face aparece a partir do século XV, com a lenda de Verônica. Em nenhum outro lugar encontramos a lenda de Verônica, mesmo nos evangelhos apócrifos. Esse nome tem sua origem provavelmente na mutação consonântica: *Vera Ikon*[45]. Através de todos esses relatos mais ou menos lendários, expressa-se uma verdade essencial para a fé: "A iconografia cristã, e acima de tudo a possibilidade de "apresentar" Cristo, encontra seu fundamento no evento da Encarnação. Consequentemente, a arte sagrada dos ícones só pode ser uma criação arbitrária dos artistas. Assim como o teólogo se expressa através do pensamento, da mesma maneira o iconógrafo expressa através da sua arte a Verdade viva "feita sem as mãos", a Revelação que a Igreja possui em sua tradição. Melhor do que qualquer imagem sagrada, o ícone "não feito por mãos humanas" expressa o princípio dogmático da iconografia. É por esta razão que o VII Concílio (787) lhe concede uma atenção toda especial e, para comemorar o triunfo definitivo das santas imagens, esse ícone de Cristo é venerado no dia da celebração da ortodoxia"[46].

---

44. GIBERT, X. La mystérieuse icône de Léon et la première icône non faite de main d'homme [O misterioso ícone de Leon e o primeiro ícone não feito por mãos humanas]. *Missi*, n. 394, p. 115-116, abr./1976.

45. SENDLET, I. Les Icônes du Christ [Os ícones de Cristo]. *Plumia*, n. 46, p. 76-236.

46. LOSSKY, V. *The Meaning of Icons* [O significado dos ícones]. Boston, 1969, p. 69.

Esse ícone inspirou incontáveis ícones tanto no Oriente quanto no Ocidente, dentre esses podemos pensar no tocante retrato de Rouault. Aliás, Santa Teresa de Lisieux não chamava a si mesma de a "Sagrada Face" de tanto querer reproduzir em si o semblante de Cristo?

O Sudário de Turim continua sendo, ainda hoje em dia, objeto dos mais eruditos e polêmicos estudos; iconoclastas e idólatras encontram-se novamente em torno dos tecidos inocentes de um maravilhoso ícone.

O Padre A.M. Dubarle resume da seguinte maneira a questão:

> Conhecemos a história do Santo Sudário: temos que voltar no tempo até 1204, quando os cruzados latinos o trouxeram de Constantinopla. Mas, apesar de os textos do século I até o final de sua estadia em Constantinopla serem raros, temos, no entanto, um documento bastante esclarecedor. No Evangelho dos Hebreus, escrito não canônico do fim do século I, lê-se que o Senhor ressuscitado deu seu sudário ao servidor do grande sacerdote antes de aparecer a Tiago (cf. 1Cor 15,7). Portanto, nessa época, acreditava-se que o sudário não tinha sido abandonado ao acaso, que ele fora conservado por um personagem conhecido e as pessoas não sentiam por ele a repulsa inspirada por tudo o que diz respeito aos cadáveres. Aos textos escritos, acrescentam-se alguns indícios de uma outra ordem. Certas representações de Cristo comportam, a partir do século VI, uma marca aberrante, que atravessa a fronte. Isso não se explica sem que haja a preocupação de reproduzir o que o exame moderno do Sudário de Turim faz com que interpretemos como sendo sangue es-

corrido. As lendas sobre uma imagem "não feita por mãos humanas" e reproduzida pelo contato do rosto de Jesus com um pedaço de pano branco (véu de Verônica no Ocidente; imagem de Edessa enviada pelo próprio Jesus ao Rei Abgar para o Oriente) são puras invenções ou derivam da observação de um tecido que carregava as marcas, assim como o Sudário de Turim? [...] Aliás, os médicos e cirurgiões que tiveram a paciência de examinar minuciosamente as imagens negativas obtidas pela fotografia são unânimes em concluir que esse tecido conteve durante um curto espaço de tempo (cerca de 30 horas) o corpo de um supliciado cujos ferimentos evocam imediatamente o que os evangelhos relatam sobre Cristo: traços sanguinolentos sobre todo o crânio, rosto tumeficado, pés e mãos atravessados por pregos, grande rastro de sangue saindo do peito, múltiplos pequenos ferimentos por todo o corpo.

Muito recentemente, foi realizada uma perícia sobre uma pequena quantidade de pó retirada do sudário. Um microscópio poderoso permitiu identificar grãos de pólen conhecidos na Galileia no século I da nossa era, outros da região de Edessa na Ásia Menor, outros ainda de Constantinopla, assim como da França e da Itália. Esse novo método, utilizado há pouco na medicina legal, traz a confirmação inesperada sobre tudo o que sabíamos ou poderíamos supor sobre as peregrinações do sudário. A conclusão que se impõem àqueles que seguiram essas pesquisas é que o tecido conservado em Turim é realmente o sudário da sepultura de Jesus[47].

---

47. DUBARLE, A.M. Le linceul de Turin [O sudário de Turim]. *Monde de la Bible*, n. 2, p. 40-41, 1978.

Ele oferece ao nosso olhar um ícone de Cristo com um rosto tanto comovente quanto majestoso, seja para um papa, um patriarca ou o mais humilde dos fiéis.

"O rosto de Cristo que está impresso sobre o Sudário de Turim nos parece tão verdadeiro, tão profundo, tão humano e divino que nós o veneramos como a nenhuma outra imagem"; a essas palavras de Paulo VI, poderíamos acrescentar as palavras do metropolita Nikodim de Leningrado (São Petersburgo):

> Para nós, a exposição do Santo Sudário só pode confirmar nossa fé nos santos ícones. Assim, a exposição do Santo Sudário não é de maneira alguma um obstáculo ao desenvolvimento das relações ecumênicas entre a Igreja Católica e a Igreja Ortodoxa, mas, pelo contrário, um elemento estimulante neste diálogo e neste encontro[48].

"Concede-me a graça de ver a tua glória" (Ex 33,18). O Sudário de Turim é um ícone *acheiropoietes* (não feito por mãos humanas) por excelência. Não é apenas o rosto inocente e supliciado de um justo sofredor, é o rosto de um homem soberano, no próprio coração do sofrimento e do suplício. A glória de Deus sobre o seu rosto é a serenidade, este rosto nada tem de mortuário ou de mortífero. É realmente o rosto de um morto, mas a paz o transfigura; como diz o Evangelho de Felipe: "Ele já estava ressuscitado antes de morrer", ele era, ele é sempre o rosto de "Eu sou", o rosto da Vida infinita e eterna. Podemos ainda entrar em querelas sobre a data de certos pedaços do tecido submetidos ao teste do carbono 14,

---

48. *La Croix*, n. 29.064, 02/09/1978.

sobre o código genético, o DNA recolhido nas gotas do seu sangue, mas a beleza do rosto permanece.

Novamente, mesmo entre os "cientistas" e os teólogos que se interessam pela "questão" do Santo Sudário, encontraremos tendências iconoclastas e tendências idólatras. Os partidários do "falso", assim como os partidários da "relíquia", esquecem que se trata de um ícone, o termo *acheiropoietes* indica que as explicações humanas não são suficientes para entendermos; não é tanto o sudário como objeto misterioso e sagrado que devemos adorar, mas o verdadeiro rosto de quem ele é um vislumbre, e até mesmo o verdadeiro rosto apaga-se diante do Invisível: "Deus, nunca ninguém jamais o viu, Ele nos fez conhecê-lo". Ele nos fez conhecer o que jamais vimos e o que jamais veremos, é nossa obscura e luminosa essência que transparece sobre seu semblante. Se isso não for a paz, a ela se assemelha... "Faça luzir sobre nós tua face e nós estaremos salvos" (Sl 80(79),4.8.20).

Ícone, islamismo e caricaturas

O Islã, ou melhor, o islamismo, devido ao comportamento atual dos seus fundamentalistas, está próximo dos antigos iconoclastas. A este respeito, seria interessante citar alguns sábios desta tradição, repertoriados por Henri Corbin: "Teu Senhor declarou que vós só adorareis a Ele" (Corão, surata 17/23). "Seja nos céus ou sobre a terra, é sempre Ele que todos adoram" (Corão, surata 2/1 17). "Isso quer dizer, proclamou Mollâ Damàvandî, que a beleza do Ser absoluto que envolve e engloba todas as partes do universo, se a vemos respectivamente em cada uma dessas partes sem ser entravada nem limitada por nenhuma, muito bem: isso é a fé (*iman*)."

Eis aqui o paradoxo que a nossa filosofia já encontra formulado no dístico persa citado aqui: "Se o fiel compreendesse o que é um ídolo (*bût*), ele compreenderia que a religião consiste no culto de ídolos (*bût-parastî*)". (Aqui a palavra persa *bût*, derivada da palavra Buda, talvez por reminiscência das célebres estátuas de Bamyan, é empregada como equivalente da palavra *sanam*).

Vamos complementar a declaração de Mollâ Damàvandî, em sua comovente concisão, que é quase de tirar o fôlego: "Se, por outro lado, alguém não estiver atento à difusão envolvente desta Luz, se não conseguir vê-la no contorno de cada uma das formas teofânicas, e se permanecer ali, incapaz de ir mais longe, muito bem: isso é idolatria (*kofr*)". Consequentemente, temos este dístico de paradoxo inverso e complementar ao precedente: "Se o idólatra tivesse consciência do que é na realidade um ídolo, como ele poderia ser uma pessoa mal-orientada na prática da sua religião?"

Momento decisivo no pensamento do teósofo místico. Momento no qual vemos a imagem ser desprovida do *status* de ídolo para ser promovida ao *status* de ícone (o sentido dado a esta palavra aqui é o mesmo utilizado por um teólogo da ortodoxia russa, e seria interessante propor uma comparação). O ídolo é a imagem que se tornou opaca, porque aquele que a contempla fez dela uma forma teofânica exclusiva, neste mesmo ato entravando e limitando-a. O ícone é a imagem que se tornou transparente, que convida aquele que a contempla a passar por ela para ir além, rumo aos mundos onde aquilo que é simbolizado pelo ícone já não é mais percebido no nível da percepção sensível, mas no de uma percepção que se realiza no nível do *mundus imaginalis*. Portanto, os dois dísticos citados por Mollâ Damàvandî convidam o fiel, por um lado, a compreender que aquilo que ele condena como sendo um ídolo, não é um ídolo, mas um ícone. E, por outro lado, o idólatra pode compreender que o que ele adora como um ídolo é mais do que um ídolo; se ele compreender que se trata de um ícone, sua religião não será mais mal-orientada, mas verdadeira[49].

Se eu disser: "Buscai primeiro o Real, todo o resto vos será dado em acréscimo", vocês poderão me responder: Por que buscar o Real? Ele está sempre aqui! Perceber que Ele está sempre aqui é a sua realização. Todas as realidades inseparáveis do Real nos são, então, "dadas" em acréscimo.

Perceber que Deus, o infinito Real, está sempre presente em todo lugar, em tudo e em todos, isso é o Reino, a Vida no Espírito, *theosis* ou divinização, ver todas as coisas nele. Todas as realidades como manifestação do Único Real, isso é ver o mundo como uma "iconostase". Pela inteligência e o coração "aberto" à infinita Presença do Real, tudo é janela, tudo é ícone, nada mais pode ser ídolo.

Se o sentido teofânico ou icofânico do Real for perdido, corremos o risco de fazer do próprio "Deus revelado" um

---

49. Cf. CORBIN, H. *La Philosophie iranienne islamique* [A filosofia iraniana islâmica]. Paris: Buchet-Châstel, 1981, p. 362.

ídolo; essa é, talvez, a tentação dos monoteísmos quando eles perdem ao mesmo tempo sua teologia apofática (o Absoluto é incognoscível, *Deus/Absconditus*) e sua teologia simbólica (o Incognoscível se fez conhecer, ele é também o *Deus Revelatus* em todas as formas que são sua Face manifestada). Um ícone da luz que ao se manifestar permanece invisível.

> Ninguém pode ver a luz; só vemos o objeto iluminado por ela, o objeto que ela nos faz ver. O Ser não pode ser definido, nem descrito; só podemos definir e descrever o Ente que ele faz ser. Se o Ser puro, o Ser absoluto é Luz, ele não pode ser um Ente, sequer um *Ens supremum* das teologias racionais. Se ele fosse um *Ens supremum*, não importa quão sublime e infinito nós o concebamos, ele seria apenas um Ente acima dos outros, ele não seria o Ser puro, nem o ato puro. Ele não seria Luz pura, mas um objeto revelado pela luz. Ver em Deus um Ente luminoso, não importa quão elevado ele seja ou esteja acima dos outros, é confundir a luz com a forma que ela manifesta. É aqui que o monoteísmo unidimensional corre o risco de morrer em seu triunfo e virar idolatria, converter o Único em um ídolo, confundindo a Luz que faz ver as formas teofânicas (*mazáhir*) e manifesta-se nelas com uma forma em particular. A luz não é nem um objeto nem uma forma; ela é o que revela os objetos e as formas, da mesma maneira como o Ser não é um ente, mas aquilo que faz ser os entes. A Luz revela sua Face em todas as faces[50].

---

50. Ibid., p. 362-363.

Particularmente, o ícone da Sagrada Face, é como se fosse seu "anjo" enviado "diante" dele, o sempre oculto (*Absconditus*).

"Se o Ser é único, isso não quer dizer que há apenas um único Ente. A unidade transcendental do Ser (*wahdat al-wqúd*) vai de par com a multiplicidade dos entes que ele faz ser." Ver em cada ente o mesmo Ser que o faz ser, ver em cada objeto luminoso a luz que o revela, é exatamente essa a noção da forma teofânica (*mazhar-e eláhí*) e é a promoção da imagem em ícone, redimindo a imagem da sua degradação em ídolo. A idolatria é, pelo contrário, ver o objeto como se ele próprio fosse a luz que o revela e o faz ver, é fechar toda saída para aquilo que se encontra além.

Confundir o ente, ver um *Ens supremum* no Ser absoluto que o faz ser é fechar a via da mesma maneira, é confundir o ícone com um ídolo.

Por outro lado, quando a imagem é promovida à categoria de ícone, ela mesma abre a via para além de si mesma, em direção àquilo que ela simboliza. Sem dúvida, a diferença percebida em francês, graças ao grego, entre "ídolo" e "ícone", não possui equivalente exato no léxico persa; ao menos ela tem seu equivalente quanto ao conceito. A imagem promovida à categoria de ícone é a imagem investida da sua função teofânica (*mazharua*). Todo o universo das formas teofânicas torna-se, então, uma imensa iconóstase (na liturgia cristã oriental, a parede que sustenta os ícones, formando um espaço intermediário, um *barzakh*, entre a nave e o Santo dos santos ou santuário). O próprio Mollâ Damàvandî disse: "Todos os níveis e graus do Ser são ícones (*amam*, nós traduziremos de agora em diante não mais por ídolos, mas por ícones), pois no espelho, que chamamos de ícones, está contemplada a Face da Beleza absoluta (*wayh-e jkzmál-emotlaq*, alusão ao Anjo da Face)".

Atravessar todos os níveis e graus do Ser sem jamais se deter em definitivo em uma estação dentre as estações e atingir o verdadeiro Ser (*Haqq-e haqîqî*) está condicionado por uma decisão divina pré-eterna. E é a razão pela qual o versículo da Luz nos diz: "Deus guia quem lhe agrada em direção à sua Luz", o que quer dizer: Ele guia através da sua Luz, que está investida em tudo (suas formas teofânicas), rumo à sua luz absoluta (libertada de todos os entraves). Essa chave nos abre o segredo da teofania e da concepção teofânica do mundo. A idolatria consiste em ficarmos imobilizados diante de um ídolo, pois o vemos como opaco e somos incapazes de discernir o convite que ele contém para progredirmos e irmos além dele. O contrário da idolatria não consistirá em quebrar os ídolos, em praticar uma iconoclastia feroz, voltada contra toda imagem interior ou exterior, mas consistirá em tornar o ídolo transparente à luz investida nele; em suma, a transmutar o ídolo em ícone (o *sanam* em *mazhar*)"[51].

Hoje em dia, nós vivemos em um mundo de caricaturas. À caricatura das democracias responde a caricatura das religiões, são duas caricaturas que se afrontam. Seria necessário reencontrarmos "a arte do retrato", uma certa "objetividade" antes de reencontrarmos a arte do ícone, que é a transfiguração da democracia e a transfiguração da religião, suplantação

---

51. Ibid., p. 362-364.

das oposições clérigos/laicos, teísmo/ateísmo; ou seja, ultrapassar essas "doenças dos olhos" que são, frequentemente, os ateísmos laicos e as religiões teístas:

- A laicidade e o ateísmo, por falta de visão e de abertura; ou seja, racionalismo estreito e cego.

- A religião e o teísmo por objetivação da visão; ou seja, idolatria das representações do Absoluto tomadas pelo Absoluto.

Dogmatismo e fanatismo, laico ou religioso, colocam o espírito do homem em estado de prisão e de afirmação (paralisação sobre a imagem), ao invés de abrir essa afirmação à incessante busca e à prova da questão.

A arte do retrato é a observação atenta e respeitosa do semblante do outro. Portanto, trata-se primeiro de saber o que é uma democracia verdadeira e de logo descobrir que não podemos identificá-la ao liberalismo e ao consumismo que são suas caricaturas. Da mesma maneira, devemos buscar saber o que é uma religião verdadeira e o que ela pode trazer à civilização e à ética e descobrir de maneira suficientemente rápida que ela não é o fanatismo ou o dogmatismo que são suas caricaturas.

Quanto à arte do ícone, trata-se de imaginar uma democracia de seres humanos, a serviço uns dos outros na complementaridade dos seus dons, uma democracia sensível às afinidades e às diferenças. A liberdade, a responsabilidade de cada um como garantia do bem e de todos. Trata-se de imaginar uma religião que, fazendo eco a uma das suas etimologias, "religa" os homens entre si e religa cada um e cada nível de realidade à Fonte de tudo o que é, vive e respira.

Essa Fonte inominável e irrepresentável (se ela fosse representável, seria um ídolo) pode ser chamada por diversos nomes: "ela tem todos os nomes e nenhum nome pode nomeá-la" (Gregório Nazianzeno). Ele tem todos os semblantes e nenhum semblante deve acreditar poder contê-la.

"Aquele que me viu, viu o Pai", diz Yeshua no evangelho, ou seja, ele viu o Invisível, o Desconhecido, o Incompreensível Amor. Pois "ninguém jamais viu Deus", diz esse mesmo evangelho. "Aquele que ama permanece em Deus, Deus permanece nele"; encadeamento de paradoxos, pois a realidade é paradoxal, e onde o paradoxo e a aporia são retirados, a caricatura prevalece mais uma vez.

A arte do ícone consiste em dar uma infinita profundidade à matéria, àquilo que está mais perto, ao próximo e em recusar tentar compreender, recusar qualquer avidez a seu respeito, mantendo-o no aberto e no inalcançável e incompreensível.

Nesses tempos em que predomina a existência de imagens sem qualidades – a iconoclastia e as caricaturas –, refletir sobre a arte do ícone não é apenas explorar alguns momentos fecundos e atormentados da história da arte bizantina, é nos interrogarmos sobre o *status* da matéria, sua relação com o Espírito e com Deus. É nos interessar pelo lugar que damos ao invisível no visível e ao visível no invisível, é nos surpreender com a não separatividade e a não confusão do humano e do divino. É despertar a toda uma arte de viver, que é a arte da filocalia, "amor pela beleza", olhar filosofal mais do que filosófico ou científico, capaz de transformar e de transfigurar o mundo (*metamorphosis*) começando por respeitar aquilo que ele é.

Se fosse necessário resumir, diríamos que a história de Abraão é a história de um homem que foi arrancado para longe dos ídolos, dos seus familiares e da sua terra natal. Um homem livre de todas as formas, de todas as existências das quais ele poderia fazer um absoluto. Apenas YHWH, o Ser que é o que Ele é e que faz ser tudo o que é, merece o nome de Deus. Apenas o Absoluto é absoluto; fazer de uma realidade relativa, carnal, psíquica ou espiritual um absoluto é um delírio e um infortúnio, é a grande ilusão, o erro e o horror que ameaçam a humanidade.

Moisés proibirá toda imagem ou representação de Deus (física ou mental): não pode haver imagem do Absoluto e do Infinito. Não há imagem visível do Invisível, não há imagem criada do Incriado. O Invisível deve permanecer invisível, assim como o Absoluto deve permanecer absoluto.

O Livro do Gênesis dirá, no entanto, que o homem foi criado "à imagem de Deus". O homem é, portanto, um ícone ("imagem" em grego) de Deus, uma janela aberta sobre o Absoluto. Um ser finito aberto ao Infinito; o Infinito pode, portanto, dar-se a conhecer em um ser finito, o Absoluto em um ser relativo; mas o homem pode ser também uma janela fechada ao Absoluto, um ser finito fechado ao Infinito.

Ele pode se comprazer em si mesmo, fechar-se sobre si mesmo e tornar-se, então, não uma imagem, um ícone do Ser, mas um ídolo, um ente não religado ao Ser.

O homem hoje em dia não se vê mais como ícone, imagem de Deus, janela aberta sobre o Absoluto, mas como janela fechada sobre si mesmo, à imagem da sua finitude. O homem tornou-se o Deus do homem, seu ídolo.

Daí o interesse em interessar-se pelo ícone e por tudo aquilo que ele simboliza e descobrir que existem, para o homem, outras maneiras de ser além do seu ser para a morte, seu ser idolatrado, autodeterminado, que ainda é possível abrir sua identidade ao Outro que o fundamenta e ao Outro que o "ladeia"[52].

A filosofia ou filocalia do ícone não é nem idólatra nem iconoclasta. Se for preciso lutar contra a idolatria incessantemente recorrente através dos séculos e sob todas as formas, é preciso também lutar contra a iconoclastia que está, sem dúvida, além das querelas próprias do Ocidente, perda da dimensão simbólica de todo ser e particularmente do Ser humano.

O ícone: a ética de um olhar não detido

A prática que nos é proposta por Dionísio o Areopagita e os Padres da Igreja para entrar no "Obscuro e Luminoso Silêncio", coração do Real além do Ser e de Deus, é uma prática da "não compreensão", "um olhar não detido". Trata-se realmente de ver o que vemos, mas o olhar não detido por aquilo que se vê faz daquilo que é visto não um ídolo, mas um ícone. Essa recusa a apropriar-se, capturar ou compreender o que quer que seja de sensível, pensável ou imaginável, é o próprio motor da apófase[53].

---

52. Cf. os dois "lados" de Adão, o argiloso, o masculino e o feminino no Livro do Gênesis.

53. A teologia apofática é uma abordagem fundada sobre a negação. Ela deriva da teologia negativa, abordagem que insiste mais sobre o que Deus não é do que sobre o que Deus é (Deus é incompreensível, incognoscível, inalcançá-

Assim, uma inteligência não detida por aquilo que ela sabe não fará do seu saber ou da sua ciência um ídolo, mas um ícone. Um amor não detido por aquilo que ele ama, não fará do afeto e do ser que ele ama um ídolo, mas um ícone. Uma fé não detida por aquilo em que ela crê não fará do seu credo, da sua imagem ou da sua representação de Deus um ídolo, mas um ícone. Uma teologia não detida pelas suas afirmações ou interrogações sobre Deus não fará da sua perplexidade ou da sua certeza um ídolo, mas um ícone. O ícone nos convida a passarmos de uma sensibilidade, de uma consciência, de um amor, de uma fé idólatras a uma sensibilidade, uma consciência, um amor, uma fé não idólatras, ou seja, não detidos, não preocupados em compreender o Real, em fazer dele um Deus, um conceito, uma imagem ou uma coisa e, assim, reduzir o Real ao ente, ao estado de objeto.

"O olhar não detido não vê mais nada de particular: ele vê. O conhecimento não detido não conhece mais nada de particular: ele contempla. Assim é celebrado o supraessencial quando a inteligência não produz mais objeto ou ideia." Celebrar o supraessencial, a adoração, é proclamar a abertura total da consciência e do amor àquilo que não é mais objetivável: não há mais nada a ver além da luz na qual tudo é visto. O olhar não se detém nem sobre imagens, nem sobre tempestades, nem sobre os planetas, nem sobre as estrelas, nem sobre nada de particular – ele observa o céu. Ele está no espaço-templo de onde se eleva o puro incenso do insondável silêncio[54].

---

vel etc.). Negação de todo discurso sobre Deus, considerado como nulo, pois o sujeito deste discurso é intraduzível em palavras ou em pensamento [N.T.].

54. Cf. LELOUP, J.-Y. *Um obscuro e luminoso silêncio*. Petrópolis: Vozes, 2014.

III

Vá!

O espírito e a prática das Bem-aventuranças

Há quatro décadas eu traduzi, junto com André Chouraqui[55], a primeira palavra das Bem-aventuranças por *em marcha*. Nós não podíamos imaginar que algum dia essas palavras se tornariam o nome de um partido político[56]. – *Em marcha*, em direção a quê? Em direção a quem?

---

55. O franco-israelense Nathan André Chouraqui (1917-2007) foi advogado, escritor e político (ele chegou a ser prefeito de Jerusalém), conhecido pela sua tradução da Bíblia cuja publicação, a partir dos anos de 1970, deu um tom diferente à leitura do Livro Sagrado [N.T.].

56. *En marche!* é um partido político social-liberal francês fundado em 2016 por Emmanuel Macron, então ministro da Economia e da Indústria. *En marche* [em marcha, a caminho] transmite a ideia de algo que se coloca em movimento [N.T.].

Consequentemente, o título inicial desta pequena obra – *Em marcha* – não pôde mais ser utilizado. Portanto, nós escolhemos *A caminho*.

Um velho sábio chinês dizia que essa é a essência do Tao. Essa é também a palavra dita por Yeshua quando Ele coloca de pé o homem e a mulher que caíram, que estão parados no caminho.

A caminho, vá além, dê *um passo a mais* – *ultreia*, diziam os peregrinos de Compostela –, dê um passo além daquilo que nos faz obstáculo (*shatan* em hebraico), daquilo que nos distrai, desvia ou trava o desejo pelo Infinito que nos atravessa e que apenas Ele pode preencher. Podemos ficar parados sobre uma imagem, sobre memórias, sofrimentos, impasses, identificações etc.

Como nos levantar "setenta vezes sete" e nos recolocar no eixo, no caminho, em marcha?

André Chouraqui nos lembra que "a primeira palavra do Sermão da Montanha constitui, nas traduções, o principal obstáculo à compreensão da mensagem de Yeshua".

Makarioi é a palavra grega para *bem-aventurado*, e essa palavra orienta os comentaristas, logo de início, a uma pista falsa: as *Beatitudes* ou *Bem-aventuranças* são supostamente adquiridas desde o início; no entanto, elas só estarão em plenitude no Reino de Deus. Ora, Yeshua não diz *makarioi*, mas *ashrei* (se aceitarmos que Ele fala hebraico ao invés de grego), exclamação no plural construída por uma raiz, *ashar*, que não implica a ideia de uma vaga felicidade, mas de uma *retidão*, a do *homem direito, em marcha, a caminho*, rumo a e em presença de YHWH, o Ser que é o que Ele é e que faz ser tudo aquilo que é: essa presença que, na linguagem dos evangelhos, nós chamamos de *Reino* ou o *Reino de Deus*. Os antigos indicaram que esse Reino ou essa presença do Real, que é e que faz ser toda realidade, é o próprio Espírito Santo, ao mesmo tempo destino e caminho. Serafim de Sarov dizia que "o objetivo e o destino da vida humana são o Espírito Santo". É essa Consciência toda outra a qual acedemos pela *métanoia*, a passagem (*méta*) além do mental e dos pensamentos que o constituem (*noia*). A palavra *métanoia* é frequentemente traduzida por *conversão*, *volta*, *retorno* (segundo o hebraico *techuvá*) ou penitência (segundo o latim *penitentia*), mas seria necessário novamente indicar a conversão, o retorno a que, a quem?

Só pode se tratar de um retorno ao Real, do qual estivemos distraídos ou que foi esquecido, recalcado ou recusado.

Não se trata da conversão de um pensamento a um outro pensamento, de uma ideologia a uma outra ideologia, de uma representação de si mesmo ou de Deus a uma outra representação de si mesmo ou de Deus – ou seja, de uma ilusão a uma outra ilusão; mas trata-se realmente da conversão do nosso pensamento a algo além do pensamento, essa consciência nova que nos liberta de todas as nossas ilusões e dos nossos sonhos. É isso que chamamos também de *aletheia*: a verdade; literalmente, a saída do sono (*lethe*), o despertar.

Em direção a que, a quem estamos *a caminho*?

As Bem-aventuranças ou Beatitudes descrevem um caminho em direção ao homem aumentado, melhorado, prolongado ou em direção a um caminho para o homem desperto e eterno, pacificado? (esse despertar, essa eternidade e essa paz indicadas pela palavra *Beatitude*).

Qual é esse programa?

Somos convidados a um progresso e a um crescimento sem fim? Onde se trata de acumular cada vez mais riquezas, mais saberes e memórias graças às inteligências artificiais? Cada vez mais força e juventude graças aos enxertos, às cirurgias estéticas e às biotecnologias que manipulam nosso código genético para melhorá-lo? Ou cada vez mais poderes graças aos nossos computadores *superpoderosos* e drones capazes de monitorar e dirigir o planeta?

Em direção a cada vez mais prazeres graças a todos os tipos de drogas eufóricas e de grandes bonecas (machos ou fêmeas) feitas de silicone sedoso, no qual nem os seios nem as nádegas murcham? Todas essas felicidades e essas Bem-aventuranças artificiais nas quais dispensamos o *outro*? Para onde nos conduzem todos esses progressos, todos esses crescimentos? Nós podemos, sem dúvida, reconhecer os benefícios sem ignorar os limites: se apenas as OGM[57] pudessem erradicar a fome no mundo! Se apenas as inteligências artificiais que ajudam o homem a ser mais culto também pudessem torná-lo mais inteligente, mais consciente, mais sábio; ou seja, mais livre! Se apenas nossas medicinas nos curassem de todas as nossas doenças, de todas as nossas

---

57. Iniciais de Organisme Génétiquement Modifié [Organismo Geneticamente Modificado]. P. ex., os alimentos transgênicos são alimentos OGM. Segundo o autor, no contexto do livro, isso quer dizer que hoje em dia o ser humano corre o risco de se tornar um HGM (Humano Geneticamente Modificado); ou seja, um *organismo geneticamente modificado* [N.T.].

angústias, envelhecimento, decrepitude e dessa certeza de que vamos morrer – como prometem certos trans-humanistas –, teríamos necessidade de outras Bem-aventuranças?

Mas, diante de todas as evidências e, até prova em contrário, nenhum progresso, nenhum crescimento horizontal nos conduziu além da exaustão e da destruição dos seus próprios recursos.

Será este o programa: Progredir, crescer para uma morte inelutável e anunciada? Se não podemos contestar essa evidência, podemos celebrar o absurdo e a falta de sentido à qual se dedicam, não sem artifícios e deslumbramentos, um certo número de pensadores contemporâneos?

As Bem-aventuranças pronunciadas por um rabino galileu há mais de vinte séculos, às margens de um lago onde hoje se reúnem amigos e famílias para compartilhar seus churrascos, continuam sendo atuais?

O que elas nos dizem do homem e do seu vir-a-ser que está a caminho, *em marcha*, rumo a quem, rumo a quê?

Trata-se sempre de progredir e de crescer, mas de um progresso e de um crescimento que não são apenas horizontais; não basta acrescentar quantidade a quantidade, trata-se de crescer na vertical, em qualidade de ser, de consciência, de amor e de liberdade, manter-se de pé em nosso eixo de vida que religa a terra ao céu. O objetivo não é o homem aumentado, melhorado, prolongado, mas invariavelmente mortal, é o homem desperto àquilo que o realiza e o transcende, por meio das provações, dos limites do quotidiano, é o homem que caminha para aquilo que o evangelho chama de Reino ou de Reino de Deus. Como dizia Irineu de Lião: "A glória de Deus é o homem vivo; a vida do homem é a visão de Deus". Outros Padres do cristianismo também diziam: "Deus se fez homem para que o homem se tornasse deus"; o Infinito se revela em nossa finitude para que a nossa finitude desperte ao Infinito. Este é o caminho das Bem-aventuranças, ele nos recoloca em marcha rumo ao Infinito, de onde viemos e para onde vamos. Seria necessário acrescentar: *onde estamos*, pois nada pode estar fora do Infinito. Para dizer a verdade, nós não *saímos* e não *entramos* jamais no Real; nós ali estamos, em todo lugar e para sempre...

É preciso verificar em nosso próprio corpo, coração e espírito a palavra de Yeshua: *métanoiete*, "Vá, coloque-se a caminho além do mental e das tuas representações, e veja!" "O Reino está próximo."

A presença do invisível e infinito Real, aqui, em nossa abertura ao Eterno e ao Incompreensível Instante (*kairos*) (cf. Mc 1,15; Mt 3,2), é uma Bem-aventurança que nenhuma apropriação, aumento, melhoramento, prolongamento nos permitem adquirir.

Diante da graça só nos resta responder pela gratidão; a ingratidão talvez seja o único e o maior infortúnio.

"O que tens que não tenhas recebido?" Mesmo a tua pobreza, a tua fome, a tua sede, as tuas lágrimas, o teu sofrimento, as perseguições, as calúnias... Para aquele que ama, tudo é caminho. Vá! Coloque-se *a caminho*! *Em marcha, makarioi, ahréi*! Seja feliz!

A questão foi apresentada a um velho sábio taoista: "O que é o Tao?" Ele respondeu: "Vá, coloque-se a caminho".

Esta palavra curta é frequentemente encontrada no evangelho; ela poderia até mesmo resumi-lo inteiramente. Yeshua só se detém para dizer: "Vá!", "A caminho!" Ele dirige essa palavra à mulher adúltera no momento em que querem apedrejá-la, ao paralítico, ao cego de nascença, a Lázaro quando ele já está sob a terra, ao publicano, ao fariseu, à Míriam de Magdala quando ela quer retê-lo após sua ressurreição e levá-lo de volta ao conhecido.

No Livro do Gênesis, YHWH diz a Abraão: *lekk leka*, "vai em direção a ti mesmo" (Gn 10,11); são também as palavras do bem-amado à bem-amada no Cântico dos Cânticos: "Levanta-te, minha amada, minha bela: vai em direção a ti mesma!" (Ct 2,7)[58].

"Vai, coloca-te a caminho!" Se Yeshua o diz é porque Ele o faz, e porque Ele o faz, dá-nos a vontade de caminhar com Ele... O homem é um ponto, mas é também um caminho. A saúde, assim como a felicidade, reside na caminhada; o sofrimento ou a doença é parar no meio do caminho – *mahala* em hebraico significa *doença*, mas também *ser colocado em círculo*, designando o fato de *dar voltas, girar em círculo*, estar fechado nessas *clausuras* do corpo, do pensamento e da alma, que são a dor, a ignorância e a loucura. As grandes tradições espirituais também apresentam as vias de cura como caminhos a serem percorridos, nos quais os sintomas dolorosos devem ser considerados apenas como etapas, paradas em que o espírito, durante um momento, está

---

58. LELOUP, J.-Y. *O Cântico dos Cânticos – A sabedoria do amor*. Petrópolis: Vozes, 2019.

pregado à reflexão; eles não são o albergue nem a porta do homem que caminha.

Para o Mestre e Senhor, o infortúnio é parar, identificar-se a uma dada situação, confundir-se com os sintomas. A felicidade, a saúde e a salvação estão no caminhar. É por isso que Ele incessantemente diz a todos aqueles que encontra no caminho: "Em marcha!"

O que Yeshua ensina sobre *a montanha dos laranjais*, às margens do Lago de Tiberíades, é o oposto de um *sermão*. É um convite para soltar as amarras, a estar sem apegos para com aquilo que nos machuca; a não nos determos nem em nossos risos nem em nossas lágrimas, a permanecermos apenas na *vida que vai*. Sabemos, hoje em dia, que o texto das Bem-aventuranças no Evangelho de Mateus, mais do que um chamado à passividade diante das provações, é um convite a nos mantermos de pé[59], a nos erguermos, a nos colocarmos a caminho, quaisquer que sejam os pesares e as dores que entravam esse caminho.

Introdução ao Sl 32

Makarios aner: *bem-aventurado o homem*, em grego.

Asherei Adam: em hebraico pode ser traduzido por *em marcha o humano!* (o *adamah*, o argiloso). A felicidade é estar em marcha. O infortúnio é estar parado: sobre sintomas, sobre imagens, sobre memórias.

---

59. A palava *stavra*, em grego (= a cruz) quer literalmente dizer *manter-se de pé* (cf. as expressões em inglês *to stand* e *stand up*!). "Carregar sua cruz", como diz o evangelho, é *manter-se de pé* diante das provações.

Mas em marcha, a caminho em direção a quê? Em direção a mais vida, consciência e amor? Pois o que deseja a vida em nós, se não que nos tornemos mais vivos? O que deseja a consciência em nós, se não que nos tornemos mais conscientes? O que deseja o desejo em nós, se não que nos tornemos mais amorosos?

Em marcha em direção a quê? Em direção a quem? Se não for em direção a mais liberdade, bem-estar e Beatitude? O que deseja o bem-aventurado *eu sou* em nós, se não que nos tornemos bem-aventurados com Ele, nele, por Ele?

O que deseja o ser bem-aventurado – *Ele que é* Vida, Consciência, Amor –, se não que nos tornemos aquilo que Ele é: Vida, Consciência, Amor? Inscrever nosso nome em seu Nome.

Eu sou/Eu serei (*eyeh Asher eyeh, ego Eimi, ani hou*) Bem-aventurado?

> Ser ou não ser. Estar ou não estar.
> Estar vivo ou não estar vivo.
> Ser consciente ou não ser consciente.
> Ser feliz por ser ou não ser feliz por ser.
> Amar ser ou não amar ser.
> Eis a questão.
> Mas *amar ser* não é uma questão, é uma graça.
> A graça que nos faz ser, à qual responde nossa
>   gratidão.

> Não basta estar aqui, *existente* (*Dasein*).
> É preciso ainda estar aqui, *vivente*.
> O que é estar aqui, vivente?
> Ser desejante,
> Desejar ser.

O homem é vontade de viver, desejo de ser desejante (vontade que quer, diria Maurice Blondel; vontade de poder, vontade de vontade, diria Nietzsche).

Não basta estar aqui vivente, querer e desejar ser; é preciso ainda estar aqui, consciente. Consciente de estar aqui vivente, desejando o ser.

O homem é *consciência de estar aqui, vivente*; consciência do desejo de ser desejante. Não basta estar aqui consciente de estar vivo; é preciso ainda estar aqui, feliz, bem feliz, bem-aventurado. Feliz por ser desejante e consciente. *Amar estar aqui, desejante e consciente.*

O amor é a consciência bem-aventurada de estar aqui, vivo e desejante; consciência bem-aventurada de estar aqui com tudo o que é; ou seja, fazendo apenas um com tudo o que é. O amor é o futuro do ser vivo, o fim e o sentido do desejo de sermos viventes. A Beatitude da consciência de estar aqui, vivo.

O Mestre e Senhor, às margens do Lago de Tiberíades, sobre a colina dos laranjais, encarna essa Beatitude de estar aqui, feliz e conscientemente vivo. Ele encarna o Amor, que é desejo de viver, consciência bem-aventurada de estar vivo, de ser vivente.

Seu ensinamento expressa um querer viver que está em cada um, mais profundo do que o desgosto de viver ou do que a pulsão de morte. Seu ensinamento é o do Ser/Amor

(*O on/Agape*) que nos quer viventes, conscientes, desejantes, livres, não importam quais sejam as circunstâncias.

Tudo é ocasião para sermos felizes: é o grande dizer. Tudo é ocasião (*kairos*) de Beatitude, porque tudo é ocasião para *avançar*, crescer em consciência e amor, ocasião para transformar o impasse em passagem; nada é fatal, tudo é *pascal*.

Este vir-a-ser está inscrito no Nome ou na programação genética de cada um: *Eu sou/Eu serei* eco do grande Nome, do *Ser que é e que faz ser e vir a ser tudo o que é e que venha a ser.*

O Mestre e Senhor dá testemunho de um *amar ser*, que é maior do que um *deixar ser* (*Gelassenheit*). *Deixar ser o que é, como aquilo é*, é uma Bem-aventurança passiva. *Amar ser aquele que ama tudo o que é*, é uma Bem-aventurança ativa, que torna possível o vir-a-ser e a transformação.

Amar ser é a Bem-aventurança em marcha, o movimento da Vida que se dá, o Ser consciente e desejante que está se formando. Através da aquiescência àquilo que é e está se tornando operam-se todas as metamorfoses.

A política do não agir amoroso é de uma eficiência assustadora, é a própria eficiência da primavera, que ao não fazer nada faz acontecer todas as coisas.

A vida está sempre em marcha, basta harmonizar nosso sopro ao seu Sopro, entrar consciente e amorosamente no movimento da Vida que se dá; esta é a Beatitude a qual nos convida o ensinamento de Yeshua às margens do lago, sobre a montanha dos laranjais.

Se escolhermos[60] *deixar ser* ou *amar ser* o Bem-aventurado, *Eu sou/Eu serei*, em nós, oito campos de aplicação ou de verificação nos serão propostos:

1) O sopro curto ou a pobreza do espírito.

2) A força da doçura, da mansidão e da humildade.

3) O consolo ou a consciência das lágrimas.

4) A fome, a sede de justiça e a harmonia.

5) A pureza do coração ou a visão de Deus.

6) A misericórdia do coração ou a participação no ser de Deus.

7) A paz e a calma eficazes do coração, presença de Deus.

8) A liberdade para com as perseguições, o amor aos inimigos, a participação no Real soberano, mais vasto do que a morte.

Estas oito práticas transformadoras ou essas oito Bem-aventuranças são também oito etapas que orientam o homem que está em marcha (*homo viator*) em direção à Beatitude – ou seja, ao Bem-aventurado –, ele mesmo secretamente presente nele. ("Vocês em mim, eu em vocês", disse Yeshua.)

Essas oito Bem-aventuranças ou Beatitudes nos são relatadas em Mt 5 em grego; alguns tradutores, como André Chouraqui, pressentiram um texto hebraico ou aramaico que

---

60. Passar da *vontade que deseja* à *vontade desejada* e da vida suportada à vida escolhida são o grande *sim* à *vida que é, que se torna e que se dá*; não é o *sim* nietzscheano do *amor fati*. Trata-se realmente de um *retorno*; não é o *eterno retorno do mesmo*, mas o retorno à luz incriada que nos *engendra a volta ao Pai* (na linguagem de Yeshua), o *sim da grande saúde*, é o *sim* ao acontecimento e à graça de ser, gratuidade, doação que é nosso fundamento e nosso fim.

estaria na origem do texto grego. Isso nos dá duas traduções possíveis. Por que deveríamos colocar em oposição dois sabores, o grego e o semita? Seus temperos conjuntos dão ao evangelho um novo paladar, que não é obrigatoriamente o *sabor do dia*, mas de uma luz mais profunda e mais acre.

1) Em marcha os humilhados do sopro, porque deles é o Reino dos Céus – Bem-aventurados os pobres de espírito, porque deles é o Reino dos Céus.

2) Em marcha aqueles que estão de luto, porque eles serão reconfortados – Bem-aventurados aqueles que choram, porque serão consolados.

3) Em marcha os humildes, porque eles herdarão a terra – Bem-aventurados os mansos, porque eles partilharão a terra.

4) Em marcha os que têm fome e sede de justiça, porque eles serão satisfeitos – Bem-aventurados os que têm fome e sede de justiça, porque eles serão satisfeitos.

5) Em marcha os corações puros, porque eles verão a YHWH/Elohim – Bem-aventurados os corações puros, porque eles verão a Deus.

6) Em marcha os matriciais, porque eles se tornarão matrizes – Bem-aventurados os limpos de coração e os misericordiosos, porque eles receberão misericórdia e verão a Deus.

7) Em marcha aqueles que fazem a paz, porque eles serão reconhecidos como filhos de YHWH/Elohim – Bem-aventurados os artesãos da paz, porque eles serão chamados de filhos de Deus.

8) Em marcha os perseguidos pela justiça, porque o Céu e seu Reino serão deles – Bem-aventurados os que sofrem perseguição por causa da justiça, porque deles é o Reino dos Céus.

Em marcha se o insultarem, se o perseguirem, se disserem todo tipo de mal por causa de mim. Estejam na alegria; sua liberdade é vasta como o céu. Assim eram os *nabis* (aqueles que veem), os profetas que vieram antes de vós. Vós sereis bem-aventurados se vos insultarem, se vos perseguirem, se vos caluniarem por causa de mim; alegrai-vos, rejubilai-vos! O amor, o céu vos tornará livres; assim eram os profetas que vieram antes de vós.

Se a felicidade é estar *em marcha*, não se deixar deter por nada, estar incessantemente no vir-a-ser, a caminho rumo à plena realização do Ser que é Vida, Consciência, Amor em nós, o Bem-aventurado *Eu sou/Eu serei*, em cada um, o infortúnio é, pelo contrário, estar parado, bloqueado em nossa evolução e em nosso vir-a-ser, dar voltas (*mahala*), permanecer no mesmo lugar; o infortúnio é *apodrecer* ao invés de *amadurecer*.

Esse contraste marcha/estagnação é colocado em maior evidência no Evangelho de Lucas. Mas talvez possamos interpretar esse contraste não apenas como o encontro de dois opostos, mas também como o encontro entre dois complementares.

O riso e as lágrimas, a fome e a satisfação, a riqueza e a pobreza, no movimento da Vida que se dá, não passam de *alternâncias*. Essa lei das alternâncias ou lei da enantiodromia (cada coisa se transforma em seu contrário) não está longe da sabedoria de um Laozi e de um Heráclito.

Devemos perceber que a palavra grega traduzida por *desafortunado, infortúnio* ou *maldito – ouaie –* é intraduzível; ela está mais próxima de nossa palavra *ai* em português, na qual se misturam a dor e a surpresa, mais do que um julgamento ou uma condenação; é essa palavra *ai* que encontramos quando falamos de Judas e que traduzimos por *infortúnio a este homem* ou *maldito seja esse homem,* mas a palavra empregada por Yeshua é da ordem da compaixão: "Ai por este homem", "O que tens a fazer, faça-o rápido".

No contexto das Bem-aventuranças, podemos compreender "Ai dos ricos", pois de fato eles correm o risco de se apegar aos seus bens evanescentes e impermanentes, mais do que ao seu ser verdadeiro.

O infortúnio em nós é o esquecimento, a ignorância ou a recusa do Bem-aventurado *Eu sou/Eu serei.*

Lc 6,20-36

> Em marcha, os pobres; o céu e o seu reino estão em vós! Em marcha, vós que tendes fome agora, porque sereis fartos! Em marcha vós que agora chorais, porque logo vos alegrareis! Em marcha quando os homens vos odiarem, vos rejeitarem, vos expulsarem, vos ultrajarem e quando repelirem o vosso nome como infame por causa do Filho do Homem! Alegrai-vos naquele dia e exultai, porque grande é a vossa bênção, grande e vasta como o céu. Era assim que os pais deles tratavam os profetas.

Mas *ai* de vós ricos, porque tendes a vossa consolação! Mas *ai* de vós que estais fartos, porque vireis a ter fome! *Ai* de vós que agora rides, porque gemereis e chorareis! *Ai* de vós quando vos louvarem os homens, porque assim faziam os pais deles aos falsos profetas!

Digo a vós que me ouvis: Amai os vossos inimigos, fazei bem aos que vos odeiam, abençoai os que vos maldizem e orai pelos que vos injuriam e caluniam. Ao que vos ferir numa face, oferecei-lhe também a outra. E ao que vos tirar a capa, não impeçais de levar também a túnica. Dai a todo o que vos pedir; e ao que tomar o que é vosso, não o recuseis.

O que quereis que os homens vos façam, fazei-o também a eles. Se amais os que vos amam, o que isso tem de novo? Também os criminosos amam aqueles que os amam. E se fazeis bem aos que vos fazem bem, o que isso tem de novo? Pois o mesmo fazem também os criminosos.

Se emprestais àqueles de quem esperais receber, o que isso tem de novo? Também os criminosos emprestam aos criminosos para receberem outro tanto. Pelo contrário, amai aos vossos inimigos, fazei bem e emprestai, sem disso esperar nada. E grande será a vossa recompensa e a vossa bênção, e sereis filhos do Altíssimo, porque Ele é bom para com os ingratos e maus.

Sede misericordiosos (generosos), como também vosso Pai é misericordioso. Não julgueis, e não sereis julgados; não condeneis, e não sereis condenados; perdoai, e sereis perdoados. Dai, e vos será dado. Será colocada em vosso regaço medida boa, cheia, calcada e transbordante, porque, com a mesma medida com que medirdes sereis medidos vós também.

Cada uma dessas Bem-aventuranças, dessas Beatitudes, pode ser considerada um *pharmakon*, uma palavra que cura. Meditadas na sequência, uma após a outra, elas descrevem um verdadeiro itinerário rumo a uma *saúde maior*, rumo a essa liberdade e a *essa força invencível e vulnerável do humilde amor*.

1) O ponto de partida é o *sopro interrompido*; as somatizações da angústia e do medo, a *pobreza* ou *a falta de ser* que definem a condição humana. Ser lúcido, e não desesperado; permanecer em marcha.

2) Se permanecermos em marcha, fazendo o luto *do passado que é passado*, através das nossas lágrimas, nós iremos em direção ao Bem-aventurado que está em nós.

3) Nós nos tornaremos capazes de doçura, mansidão e paciência; a terra e tudo aquilo que nos envolve serão transformados.

4) Da calma reencontrada pode nascer um verdadeiro desejo de harmonia, uma fome e uma sede de justiça para nós mesmos e para todos.

5) A pureza do coração permite que vejamos as coisas tais quais elas são, e, assim, sermos *um com o Real, tal qual Ele é.*

6) Essa lucidez não é fria e indiferente; ela é sabedoria do coração, compaixão e misericórdia.

7) Essa calma, essa clareza e essa compaixão fazem de nós artesãos da paz.

8) Se a força invencível e vulnerável da *pura consciência* e do humilde amor nos habitar, nós permaneceremos livres diante daqueles que nos caluniam e nos perseguem.

Pela prática das Bem-aventuranças entramos no próprio movimento da Vida que se dá, nós nos tornamos "participantes da natureza divina" (cf. 1Pd) para o nosso bem-estar, o bem-estar de tudo e de todos.

Essas oito Bem-aventuranças ou Beatitudes são como raios de um único sol. O coração do sol permanece inacessível, só o conhecemos através do seu brilho. A essência de Deus (YHWH) permanece incognoscível, só a conhecemos através das suas energias (Elohim), mas cada raio de sol é o próprio sol, não há um *outro* sol. Cada qualidade ou atributo da divindade não é uma *outra* divindade, mas sua essência permanece, contudo, sempre oculta.

As energias e sua essência, o manifestado e o oculto são *um único Deus* (YHWH – Elohim), assim como o coração do sol e seus múltiplos raios são *um único sol*.

O *Self* ou o *Eu sou* bem-aventurado é Um e Ele se manifesta através de uma multiplicidade de qualidades. A Beatitude é uma, as Beatitudes que a manifestam e encarnam são inumeráveis.

O evangelho privilegiou oito. (Sendo o oito, simbolicamente, uma imagem do infinito).

As Bem-aventuranças

1 Em marcha os humilhados do sopro, porque deles é o Reino dos Céus

**Bem-aventurados os pobres de espírito,
porque deles é o Reino dos Céus**

Ptokoi to pneumati é o texto grego de origem; trata-se realmente de uma pobreza (*ptokai*) do sopro (*pneumati*), e não do espírito (*nous*) ou da alma (*psyché*). Portanto, compreendemos melhor o que Chouraqui traduziu por *humilha-*

dos do sopro; a versão corrente *pobres de espírito* induz muito facilmente à interpretação *simples de espírito*, podendo dar a entender que ignorantes, idiotas ou imbecis seriam representantes privilegiados do Reino de Deus.

Ter o sopro *humilhado* ou impedido – o que isso quer dizer? Ter falta de sopro, falta de ar ou de *pneuma* (*rouah* em hebraico) é não ter as forças necessárias para a vida.

O que impede ou detém em nós o movimento da Vida que se dá, o Reino de Deus, o Vivente? Geralmente, a emoção, o medo, a angústia (*angustia* em latim quer dizer *garganta apertada, estreitada*)...

As palavras de Yeshua dirigem-se, assim, aos *sopros curtos*, àqueles a quem falta a vitalidade, os emotivos, os angustiados, todos aqueles que têm medo de viver e de amar.

Em marcha! A caminho!

Não tenha medo, não se instale, não se acomode em suas emoções, seus medos, suas angústias – são apenas provações, experiências a serem atravessadas. Não se permita ser detido pelos obstáculos; pelo contrário, que esses sejam *ocasiões* (*kairos*) para estimular sua força, sua consciência e seu desejo; "o céu e o seu reino estão em vós" – *o céu*, ou seja, o espaço que contém todas as coisas; o Infinito está em vós.

Deixa-o *reinar*, brilhar. Deixa o Infinito agir no coração do seu ser finito, não deixe que o espaço seja preenchido com seus temores; *respire ao largo*[61].

---

61. *Yesha, respirar ao largo* em hebraico, é geralmente traduzido por *estar salvo* e dará origem ao nome de Yeshua, *Aquele que salva*. Yeshua é a presença do

Junto a este *Em marcha os humilhados do sopro*, inspirado pela tradução semita das Bem-aventuranças, não devemos nos esquecer da sua vertente grega: *Bem-aventurados os pobres de espírito*; é a Bem-aventurança preferida de Mestre Eckhart, da qual ele faz uma interpretação radical em seu célebre sermão 52:

> Este é um pobre de espírito (ou seja, um homem livre de tudo), que nada quer, nada sabe e nada tem[62].

Nada querer, nada saber, nada ter; ou seja, nada ser – será que isso é realmente uma Bem-aventurança, uma Beatitude?

Não se trata, evidentemente, do *nada querer* da depressão; do nada saber, que é o da ignorância e da estupidez; do nada ter, que é o da miséria; do nada ser, que é o do absurdo e do nada, mas de uma liberdade e um desapego para com todos os nossos pequenos desejos e vontades, de uma liberdade e de um desapego para com todas as nossas pequenas razões e nossos grandes saberes, de uma liberdade e de um desapego para com todas as nossas propriedades ou posses. *Non sum, ergo sum* (Eu nada sou; portanto, eu sou). Nada ser é deixar ser tudo.

São as palavras do libertado vivo, aquele que experimentou que ele próprio não é o ser por ele mesmo, que não é dele

---

Eu sou ao largo, livre, infinito, em cada um de nós; tomar consciência disso é o que nos salva e nos coloca novamente *em marcha*.

62. MAITRE ECKHART. *Traités et sermons* [Tratados e sermões]. Flammarion, 1993, p. 349. Cf. LELOUP, J.-Y. *De Nietzsche à Maître Eckhart* [De Nietzsche a Mestre Eckhart]. Almora, 2014.

a Fonte do seu sopro, da sua vida, da sua consciência, do seu desejo; em uma palavra: do seu ser.

Ser pobre é receber a si mesmo e a todas as coisas não como algo que nos é devido, mas como um dom. O rico é infeliz porque ele pensa que tudo lhe é devido, que nada lhe deve ser tirado e que ele pode comprar tudo. Ele pode, de fato, comprar muitas coisas, exceto o essencial: *a paz do coração*, que é o Reino de Deus.

Aliás, é uma obviedade, tudo o que ele possui pode lhe ser tirado de um momento para o outro. O que sobrará de todos os nossos teres, de todos os nossos poderes, de todos os nossos saberes a não ser *nada*? O *non sum* que nós somos. Nada nem ninguém escapará à Bem-aventurança de *nada ser*, nem que seja apenas no momento da morte do nosso ser mortal.

Os sábios e os santos sabem que não vale a pena aguardar essa hora, a cada instante podemos saborear a alegria de nada sermos, e nessa abertura (não interrompida por nenhum saber, querer ou poder), descobrir que *tudo* nos é dado.

Sem o Ser, nada; com o Ser, tudo

Esse *Ser com* é o que chamamos no cristianismo de Santo Espírito, aquilo que está além do *nous (méta – noia),* além de todo ter, de todo saber, de todo poder, além do *eu*.

São João da Cruz, de maneira tão abrupta quanto Mestre Eckhart, dirá: "Quando vos detendes em algo deixais de vos abandonar ao todo".

Deter-se em algo, para São João da Cruz, é, mais uma vez, a doença (*mahala*), tomar a parte pelo todo, idolatrar uma posse, um saber, uma pessoa, uma representação de Deus... Tantas paradas e interrupções que podem entravar a *marcha*, o caminhar do bem-aventurado...

O grande passante, que nada nem ninguém pode reter, que tudo aflora com graça, pois à sua passagem – *sem atração, sem repulsão, sem indiferença* – todas as coisas se sentem amadas *tais quais elas são*, sem projeção, sem ilusão; o olhar não preenchido do *pobre de espírito*, que vê as coisas como a luz as vê.

2 Em marcha aqueles que estão de luto, porque eles serão reconfortados

Bem-aventurados aqueles que choram, porque serão consolados

Esta segunda Bem-aventurança, ou Beatitude, é prolongamento da primeira, pois o que é fazer seu luto, senão desapegar-se, tornar-se livre, considerar o passado como passado? O trabalho do luto não é esquecer, renegar o passado; é descobrir que ele se projeta incessantemente sobre o presente e nos impede de saboreá-lo em sua beleza e novidade. Uma felicidade passada pode ser o pior obstáculo para o reconhecimento de uma felicidade presente.

Fazer o seu luto é o segredo da vivacidade e da jovialidade do *ir em frente*[63] na caminhada, na marcha; não mais ser retido ou puxado para trás.

---

63. Jogo de palavras intraduzível: "faire son deuil, c'est le secret de notre 'allant'". *Allant* quer dizer *vivaz, jovial*, mas também remete ao verbo *aller*

Penso na mulher com quem percorríamos o caminho de Compostela; ela não conseguia fazer o luto pela perda do seu filho no auge da força e da beleza inerentes à sua idade; ela continuava revoltada e inconsolável. A cada etapa do caminho ela reencontrava suas lágrimas até o dia em que – terá sido a fadiga? terá sido a graça? – ela *aceitou* o inaceitável; ela disse *sim* àquilo que era: ela não poderia mais reconhecer seu filho no corpo ao qual ela o tinha conhecido, trocar palavras de ternura com a voz que fora a sua... Foi em uma pontezinha da Galícia que ela conheceu uma grande passagem; dali em diante seu filho não a puxava mais para trás como uma bola de ferro feita de memórias que a impedia de avançar; seu filho estava diante dela como essa estrela que saiu do *composto* (= *stella*), ela a guiava *adiante*. Dali em diante ele a ajudava a avançar, ele iluminava sua caminhada solitária.

"Meu filho está realmente morto e, ao mesmo tempo, ele ressuscitou. Eu o conheço sob um outro modo de realidade; nossos vínculos são ainda mais profundos e sutis, mas *o passado é passado*, eu não voltarei mais a vê-lo como o conheci." Fazer o luto do conhecido abre o caminho e o espaço ao desconhecido, ao infinitamente presente, sempre novo.

As lágrimas abrem em nós o leito de uma nova consciência, elas não são apenas tristeza, revolta ou desespero. Para Tomás de Aquino, as lágrimas são um dom do Espírito Santo: o dom da ciência. Na tradição dos Padres do Deserto, as lágrimas são uma graça de Deus extremamente preciosa; não

---

(*ir*); ou seja, o autor quer dizer que ao fazermos nosso luto podemos não apenas seguir em frente, mas podemos fazê-lo de maneira jovial e vivaz [N.T.].

apenas elas nos lavam de nossas faltas e das nossas doenças, mas também nos iluminam como *as pérolas da bem-amada*, Míriam de Magdala.

Os santos têm o coração líquido; as lágrimas são o sinal de que seu coração de pedra se transformou em coração de carne e que um espírito novo o habita.

"Alegria, alegria, chore de alegria", dizia Pascal em certa *noite do fogo*, na qual vislumbrou que o deus dos eruditos se mantém afastado do Deus dos que têm fé; o Deus de Abraão, de Isaac e de Jacó, o Deus de Jesus Cristo. Pois há muito caminho a ser feito entre *conhecer a Deus e a amá-lo*: as lágrimas de alegria atestam que o Deus inacessível se fez *sensível ao coração*; Ele se encarna, Ele entra no rio lamacento do nosso tempo.

Bem-aventurado aqueles que choram... este é o sinal de que eles não são feitos de mármore, eles possuem um coração, e esse coração é capaz de compaixão: eles podem ter fome e sede de justiça.

3 Em marcha os humildes, porque eles herdarão a terra

Bem-aventurados os mansos,
porque eles partilharão a terra

Praéis em grego é tradução do hebraico *anaw, anawin*, que designa ao mesmo tempo os pobres, os humildes, os justos; o *restinho* daqueles que permanecem fiéis, apesar das provações, à Torá e ao Espírito de YHWH.

Permanecer ligado à fonte e ao princípio de todas as coisas é ser herdeiro da terra, é receber todas as coisas como um dom (cf. a Bem-aventurança dos pobres em espírito), é responder também ao nome de Adão, o argiloso, o terroso (de *adamah*, a terra ocre); ser humilde é ser humano – humildade e humanidade têm a mesma raiz, *humus*; é ser ligado à terra para abri-la e oferecê-la ao céu, é aceitar seus limites, sua finitude para abri-la ou oferecê-la ao Infinito.

"Caminha suavemente sobre a terra, ela é sagrada", disse-me o velho índio hopi. Não há terra santa, há apenas terra santificada pelos passos daqueles que sobre ela caminham com atenção e com amor.

A doçura, a suavidade e a mansidão são virtudes dos fortes; Yeshua não disse *bem-aventurados os molengas*, mas *bem-aventurados os mansos*, os doces, os suaves, pois a suavidade, a mansidão e a doçura supõem domínio sobre si mesmo.

Abrir uma porta com suavidade permite que ela *ceda*, ao passo que ela resiste ao violento e ao irritado.

A terra não pode se dar àqueles que a exploram e a consomem; a aliança foi rompida, ela só se dará novamente aos suaves e mansos que a respeitam e querem fazer dela um jardim (*pardes*, paraíso), e não um campo de ruínas e detritos ou um lixão. Isso supõe que a consideramos como algo vivo, também desejosa do bem-estar de todos os seres vivos. O homem não está aqui para dominá-la ou explorá-la, mas para cultivá-la e fazer dela um jardim[64].

---

64. Não é por acaso que Yeshua apareceu na manhã da ressurreição para Míriam de Magdala sob a forma de um jardineiro. Ele lembra ao homem sua missão sobre a terra: fazer um jardim, cooperar com a natureza para que ela se torne um pomar, um roseiral, um *jardim das delícias*.

Na biblioteca hebraica (Bíblia) há dois homens reputados pela sua doçura, suavidade, mansidão e humildade: Moshe e Yeshua. Os maiores e mais fortes paradoxalmente são os mais humildes e os mais mansos.

No Livro do Apocalipse, é o cordeiro, símbolo da força invencível e vulnerável do humilde amor, que triunfará sobre o dragão, símbolo da violência e da devastação que domina ainda *durante um tempo, um pouco de tempo*, povos e nações. O Evangelho de Mateus guarda a memória das fortes palavras de Yeshua, que fala como a Sabedoria, a Shekinah criadora do Primeiro Testamento[65]:

> Vinde a mim, vós todos que estais aflitos sob o fardo, e eu vos aliviarei. Tomai meu jugo sobre vós e recebei minha doutrina, porque eu sou manso e humilde de coração, e achareis repouso para as vossas almas. Porque meu jugo é suave e meu peso é leve (Mt 11,28-30).

A mansidão e a humildade são o remédio (*pharmakon*) para vários males, elas nos libertam desses dois venenos que são a inflação e a violência, o orgulho e a cólera que corroem os fígados e destroem as relações humanas. Yeshua diz: "Aprendei comigo, colocai-vos em minha escola"; por trás desse *eu* é preciso escutar o *ego eimi*, o *Eu sou* da própria presença de Deus.

O fundo do ser é doce e suave; agir a partir desse fundo de calma que está em cada um de nós ajudará a termos ações justas e harmoniosas que os antigos chamavam de justiça.

---

65. Cf. LELOUP, J.-Y. *O Livro de Salomão: a sabedoria da contemplação – Tradução e comentários*. Petrópolis: Vozes, 2019.

O Bem-aventurado em nós é doce, manso e humilde de coração (*praus eimi kai tapeinos tè kardia*), ele é o lugar do repouso (*anapausis*) das nossas almas (*psique*), e, como sabemos, a alma apaziguada é o espelho de Deus.

4 Em marcha os que têm fome e sede de justiça, porque eles serão satisfeitos

Bem-aventurados os que têm fome e sede de justiça, porque eles serão satisfeitos

O que é a justiça? Em um primeiro sentido, é *dar a cada um aquilo que lhe é devido*. No nível social, é dar a cada um respeito e dignidade *como a si mesmo*. No nível espiritual, é dar a Deus o louvor e a adoração que lhe são devidos, dar à graça de existir a gratidão que lhe é devida.

Há realmente felicidade no exercício dessa justiça. O fruto está em harmonia: a ordem e a paz; cada coisa é reconhecida em seu justo lugar: o relativo como relativo; o absoluto como absoluto; o que é temporal como temporal, passageiro, impermanente e transitório; o que é eterno e infinito, como eterno e infinito; a ilusão como ilusão, o Real como Real; a fome e a sede de justiça não se distinguem da fome e da sede de verdade, é o amor pela verdade.

O que é verdadeiro? O que é justo para cada um e para todos? *O justo* é o homem verdadeiro, verídico, *autêntico*, de acordo com ele mesmo, com os outros, com o universo, com a Fonte e a origem do universo. Ele faz apenas um com o movimento da Vida que se dá.

Ter fome e ter sede é um sinal de saúde física; é ter apetite, o desejo de viver. Ter fome e sede de justiça é uma fome e uma sede espirituais, um desejo de água viva e de *alimento que nutre em nós a Vida eterna ou a Vida verdadeira*, é um desejo de harmonia, de *justeza* e *afinação* no sentido musical do termo.

Há apenas a beleza do Reino que pode nos satisfazer, o reino do Amor, *assim na terra como no céu* em todo o nosso espírito, em todo o nosso coração, em todos os nossos sentidos.

O reino da justiça ou da harmonia em nós, em tudo e em todos, começa pelo desejo do Amor: *que venha o seu reino*; que um eco desse Amor absoluto reine em nossos seres relativos, e logo estaremos *satisfeitos*.

É uma grande Beatitude ou Bem-aventurança estar em harmonia, *bem-ajustado* tanto com os outros e com Deus quanto consigo próprio.

Como não desejar que essa harmonia e essa justiça sejam compartilhadas com todos?

Lutar contra a injustiça é estar atento a todas essas *notas desafinadas* que aparecem a cada vez que buscamos nosso próprio interesse em detrimento do interesse de todos e do Todo; é esquecer que o eu é *nós*; é *interpretar* mal a Vida e a partitura que nos é confiada; é passar ao largo desse desejo de ser Um, em harmonia com tudo o que é, vive e respira, e Um com a Fonte de tudo o que é, vive e respira.

A pior injustiça é não dar a Deus o que é de Deus; ou seja, toda a vida, toda a consciência, todo o amor. A reparação dessa injustiça é a adoração. Sem oração e contemplação, como estaríamos *ajustados e afinados, nós e nossos atos,* à Vida que se dá?

Sem gratidão, como estaríamos *em harmonia* com a graça que nos é dada?

5 Em marcha os corações puros, porque eles verão a YHWH/Elohim

Bem-aventurados os corações puros, porque eles verão a Deus

O que é um coração puro? Responde Kierkegaard: "É um coração que busca, quer, olha apenas uma única coisa".

Só buscar, só querer, só olhar o único Real em todas as realidades que o manifestam simplifica e unifica nosso espírito. Ele torna-se, então, simples (sem dobras, sem voltar-se sobre si mesmo) e um, à imagem do Um e do simples Infinito.

"O homem é um espelho livre", dizia Gregório de Nissa. Nós nos tornamos aquilo que amamos, nós nos tornamos aquilo que olhamos, nós nos tornamos também aquilo que invocamos; o espelho voltado para o caos reflete o caos, o espelho voltado para a luz reflete a luz. Em uma linguagem mais contemporânea, diríamos que, de acordo com a orientação do nosso olhar ou do nosso instrumento de percepção, a matéria nos aparece como onda ou como partícula.

O olhar simples ou o olhar puro não olha nada. Ele não quer ver nada em particular; nem onda, nem partícula, nem realidade concreta, nem realidade sutil. Quando o olhar está vazio de toda expectativa, de toda apreensão, então ele vê *Tudo*, ele vê a Deus; nada do todo do qual Ele é a graça (ao invés de nada do todo do qual Ele é a causa). O olhar passa a ver, ele se torna a luz invisível na qual nós vemos todas as coisas.

Ele conhece menos a coisa vista e iluminada do que a luz, aquela que vê e ilumina todas as coisas. Este é um grande *pharmakon*, uma medicina radical: "Veja a luz que está em ti, invoque o nome de Yeshua e não desespere".

Há uma luz em ti, tu és pela graça o que Deus é por natureza; ou seja, aquilo que você é não obedece a nenhuma causa externa, não é o resultado de nenhum esforço da tua vontade, da tua ascese ou da tua inteligência.

O fundo do teu ser é gratuidade, pura e luminosa consciência, infinita presença, sem razão, sem necessidade. Tua natureza está unida à natureza de Deus, que é totalmente graça, completamente indeterminada.

Essa luz que está em você é livre de todo passado, de todo presente e de todo futuro; ela não pertence ao tempo. Aqui não há sofrimento, nem expectativa, nem medo, nem culpa, nem arrependimentos, nem projetos, mas simplesmente este segredo: ser incriado.

A invocação do nome de Yeshua o conduz a este segredo, (que Ele chama de *A'um* em aramaico e *Abba* em hebraico); essa invocação constante sobre o ritmo do teu sopro (*pneuma*) "em espírito e verdade" simplifica e acalma nossos pensamentos, restando, então, apenas o claro silêncio do espírito, que é pura luz; claro silêncio do coração, que é paz que ultrapassa toda compreensão, a *hésychia*, a grande calma de Deus.

"O olho é a lâmpada do corpo. Se o teu olho é são, todo o corpo será bem-iluminado; se, porém, estiver em mau estado, o teu corpo estará nas trevas. Cuida, pois, para que a luz que está em ti não seja trevas. Se, pois, todo o teu corpo estiver na luz, sem estar misturado às trevas, ele estará inteiramente iluminado, como se estivesse sob a brilhante luz de uma lâmpada" (cf. Lc 11,34-36; Mt 6,22).

Se o teu olho é puro, então, pela graça, gratuitamente, tu és o que Deus é por natureza: Bem-aventurado.

Devemos perceber que "se teu olhar é perverso" (*poneros* no texto grego), sinuoso, "todo o teu corpo estará nas trevas". Sem a simplicidade e a pureza do olhar, nós jamais veremos o Real como Ele é; é preciso ter se tornado silêncio e claridade para escutar o silêncio e ver a claridade; é preciso ter se tornado deus para conhecer a Deus. Apenas o semelhante conhece o semelhante: "Caríssimos, desde agora somos filhos de Deus, mas não se manifestou ainda o que havemos de ser. Sabemos que, quando isso se manifestar, seremos semelhantes (*omoioi*) a Deus; porquanto o veremos como Ele é" (1Jo 3,2). Não como o pensamos, imaginamos, acreditamos, mas "como Ele é" (*auto kathos estin*).

6 Em marcha os matriciais, porque eles se tornarão matrizes[66]

Bem-aventurados os limpos de coração e os misericordiosos, porque eles receberão misericórdia e verão a Deus

Se a Bem-aventurança dos corações puros não é concedida à Bem-aventurança da misericórdia, ela corre o risco de se tornar a Bem-aventurança dos *puros e duros* no lugar de ser a Beatitude dos *puros e doces*. A pureza sem a misericórdia está na fonte de muitas violências e de todas as inquisições, assim como a misericórdia sem a pureza ou a verdade está na fonte de toda permissividade e de todas as covardias.

Chouraqui traduz de maneira justa *misericordiosos* por *matriciais*, pois o termo *rahman*, tanto em hebraico como em árabe, remete a *matriz*.

Qualquer muçulmano que, várias vezes por dia, recite a oração (a *fatiha*) – Bismillahi-r-Rahmani-r-Rahim (em nome de Alá, o Infinito misericordioso, o muito misericordioso) – sabe que a palavra *rahman* quer dizer "matriz"[67].

---

66. Segundo o autor, a expressão *em marcha os matriciais* é oriunda de uma tradução de André Chouraqui. Para ele, a matriz – o *rahman* em hebraico e nas línguas semitas – é o ventre, e os matriciais são aqueles que amam como uma mãe ama. A matriz, a mãe, a misericórdia: essa tradução daria à misericórdia um sentido mais *carnal*. Misericordioso seria, então, aquele que toma para si, em seu coração, o infortúnio do outro; é a compaixão. Aquele que toma em seu ventre o infortúnio do outro e do mundo. Ser *matricial* é ser como uma mãe que sente o sofrimento do outro [N.T.].

67. *Rahman* e *Rahim* derivam da mesma raiz: *rhm*, que remete à matriz da mãe. Alá é a grande matriz do universo; o significado *matriz* de *Rahman* é primeiro, mais originário do que o de misericórdia. *Rahman* é a fonte de toda vida e de toda bênção.

Se Alá não é *Pai nosso*, Ele é *Mãe nossa*. Que mãe teria prazer em ver seus filhos serem torturados ou mortos? Mães que matam existem, mas elas não decaíram daquilo que constitui a essência da maternidade: dar a vida, fazer crescer? Será que Deus poderia renegar o mais belo dos seus nomes: a maternidade primeira, a *maior* (*Akbar*), origem de todos os mundos?

O terrorismo é mais do que uma blasfêmia, ele é uma forma de *deicídio*, pois ele mata a Vida que *Rahmani Rahim Alá* quer nos dar em abundância. Em nome de sua mãe, quem ousaria matar seus filhos? Assim, não pode ser *em nome de Alá* que matam, mas apenas em nome do iblis, o *sheitan* (o diabo, o demônio em árabe) que recusa se inclinar diante de Adão, *o lamacento*, o humano feito de areia, de sopro e de consciência. *Quando um homem mata um outro homem, é toda a humanidade que ele está matando*; mais ainda, é a sua mãe que ele tortura e assassina.

O evangelho nos lembra igualmente a lei do karma ou lei da causa e efeito; colhemos o que semeamos. Semeie a misericórdia e iremos colher misericórdia; "do julgamento com o qual julgares, vós sereis julgados".

Quando, em nome da pureza da raça, da tradição ou da religião nós nos damos o direito de matar, só podemos colher a violência e a morte. Apenas a misericórdia e o perdão podem nos fazer sair desse círculo vicioso, perverso e infernal. Não é essa também a oração de Yeshua: "perdoai-nos como nós mesmos perdoamos"? "Perdoar-nos uns aos outros (ser o que somos) até 77 vezes sete vezes" – nos diz o evangelho – não é essa a única saída possível para que possamos viver juntos? Sem misericórdia, sem essa ternura que vem da matriz (das entranhas) e do coração, nossas relações são sem futuro. Sem falar de Beatitude, de Bem-aventurança, nenhuma felicidade, nenhuma vida é possível.

7 Em marcha aqueles que fazem a paz, porque eles serão reconhecidos como filhos de YHWH/Elohim

Bem-aventurados os artesãos da paz,
porque eles serão chamados de filhos de Deus

A paz é um artesanato, uma arte de fazer; ou melhor, uma arte de *não fazer*, já que tudo o que nós sabemos fazer é a guerra, é nos afirmarmos às custas dos outros, ao invés de nos afirmarmos pelo serviço aos outros.

Só podemos nos reconhecer como filhos de YHWH/Elohim ou, como dizia Yeshua, "filhos do Pai", se todos nos reconhecermos como irmãos. Por vezes a fraternidade precede a paternidade; é nos reconhecendo como irmãos que descobriremos a origem que nos é comum; normalmente reconhecendo a origem que nos é comum que descobriremos irmãos e irmãs em humanidade.

Mas isso não parece evidente, como se fosse necessário primeiro um trabalho, um esforço para se fazer *irmão*, senão, mesmo tendo o mesmo pai, nós permanecemos irmãos inimigos ou *irmãos separados*[68].

---

68. Como dizemos a respeito dos ortodoxos, dos católicos e dos protestantes.

Esse *esforço* é o que em árabe traduzimos por *Jihad*, essa palavra que para nós hoje evoca o terrorismo, o crime cego, o contrário de uma arte da paz.

No entanto, traduzir *Jihad* por *guerra santa* não está errado. O que é uma guerra santa? É uma guerra, um esforço, uma luta contra a cólera, a violência, o vício e todas as *inclinações ruins* que estão em nós.

Em hebraico, *santo* (*kavod*) evoca a *outridade*, a diferença; trata-se, de fato, de uma guerra *outra, completamente outra* do que a guerra destruidora que engendra a tristeza e o sangue. Afrontar o outro, entrar em atrito, descobrir a sua diferença não é ruim, é a própria condição para a aliança e para a paz; caso contrário, nossa paz não será nada além de uma ilusão, uma ficção, um verniz.

A guerra santa é o enfrentamento consciente, o cara a cara, é o santo encontro com o Real velado por nossos inconscientes e nossas ignorâncias. O Real que é Um e que faz de nossos *Eu sou* diferenciados um único *Nós somos*.

A paz supõe algumas passagens[69]: passar do *cogito separado* (Descartes), "Penso, logo existo" – portanto, eu sou eu, eu ao lado ou contra você –, ao *cogito poético* (Rimbaud): "Eu é um outro", um outro eu, um outro *Eu sou*, a mesma afirmação legítima do ser.

Talvez seja necessário passar ainda ao *cogito evangélico*: não basta pensar! *Métanoieté*[70], *Amo, logo nós somos*; a paz começa quando a espada entra em sua bainha, quando

---

69. *Pessah* em hebraico, a Páscoa.

70. Passar além (*meta*) do pensamento, do pensamento do *eu separado*.

o pensamento volta ao seu coração, senão *quem se serve da espada perecerá pela espada.* A espada evangélica não serve para matar, mas para diferenciar, distinguir para melhor unir; é a espada da palavra e do discernimento, sem a qual nenhuma paz nem nenhum amor durável são possíveis.

Enquanto pudermos nos falar não haverá guerra; ser artesão da paz é aprender a falar diretamente com aquilo que nos dá medo. Relendo atentamente o Decálogo ou as *dez palavras* transmitidas por Moisés descubro uma arte rigorosa de *fazer a paz*, uma ética salutar que faz eco àquilo que vive e ensina Yeshua; eu tampouco saberia separar o humilde Monte das Bem-aventuranças dos montes do Sinai e do Horeb; é pela observação, atenção àquilo que é, que podemos imaginar essa arte da paz.

8 Em marcha os perseguidos pela justiça, porque o Céu e seu Reino serão deles

**Bem-aventurados os que sofrem perseguição
por causa da justiça,
porque deles é o Reino dos Céus**

Em marcha, se o insultarem, se o perseguirem, se disserem todo tipo de coisas ruins, por causa de mim, *Eu sou*; esteja na alegria, sua liberdade é vasta como o céu. Assim eram os *nabis* (aqueles que veem), os profetas, antes de vós.

Não há realmente justiça sem amor. Para se aventurar hoje em dia a viver e a falar de amor, particularmente deste amor infinito e incondicional que é o Deus revelado em Yeshua, o mestre das Bem-aventuranças, não podemos temer o ridículo, a zombaria ou até mesmo o insulto ou as calúnias.

A menos que precedamos o assunto com dois ou três capítulos sobre neurociência que comprovem os benefícios físicos, econômicos e políticos da compaixão, não devemos nos arriscar a simplesmente tecer determinados elogios. Por que o amor pela verdade e a justiça ainda continua a não ser amado?

Cristo, nesta Bem-aventurança, não nos convida a fazer o papel de mártires, perseguidos, vítimas de uma sociedade com leis injustas que privilegiam sempre os ricos e os poderosos; Ele nos convida, pelo contrário, a nos mantermos de pé, com o espírito exigente, o coração valente diante das adversidades, permanecendo, assim, testemunhas pacientes (sentido primeiro da palavra *mártir*) do valor mais elevado, esse Amor que faz o homem humano.

No Livro do Apocalipse, é a força invencível e vulnerável do humilde amor (simbolizado pelo cordeiro) que triunfa sobre a força bestial da vontade de poder (simbolizada pelo dragão); isso é verificado pela paz que provamos quando nos mantemos em uma atitude justa, em conformidade com a ética que nos é própria, no próprio coração da tempestade. Quando ali permanecemos sem complacência, sem medo, mas também sem amargura e sem remorsos face aos nossos inimigos, compreendemos então que essa Bem-aventurança é a da liberdade; liberdade para com aquilo que o outro pode pensar de nós e dos seus julgamentos. Nada poderá entravar nossa ação inspirada por este *todo outro Amor* que nasce da calma; ele não busca nem a aprovação nem a glória, mas a adesão à sua própria consciência. Liberdade inusitada, fonte de alegria no meio de todo tipo de atribulação: "Minha Vida, ninguém a toma, sou eu quem a dou", disse Cristo sobre a cruz. Palavras de Senhor, e não palavras de vítima; palavras de soberano, e não palavras de escravo.

A liberdade de dar, de se dar e de perdoar é nossa participação no próprio ser de Deus. A alegria sem objeto e o contentamento sem razão, sem motivo são armas que eu jamais vi no espírito e nas mãos de um terrorista, e, no entanto, é a única arma que pode vencer o mundo, *o adversário.*

Apenas um Bem-aventurado pode dizer em um mesmo sopro: "disse-vos essas palavras para que a minha alegria esteja em vós e a vossa alegria seja completa e perfeita [...] em mim (*Eu sou*). Este é o meu mandamento: amai-vos uns aos outros, como eu vos amo. [...] Referi-vos essas coisas para que tenhais a paz em mim. No mundo haveis de ter aflições. Coragem! Tende confiança! Eu venci o mundo" (cf. Jo 15,11; 16,33). *Eu sou* está "no mundo e não é deste mundo"; aquele que ama em vós está livre desde sempre e para sempre, a graça de amar é sem limites. Não há outro sinal de vitória diante de todas as guerras, quer elas sejam físicas, psíquicas ou espirituais, do que a alegria: "Até agora não pedistes nada em meu Nome (*Eu sou*). Pedi e recebereis, para que a vossa alegria seja perfeita" (Jo 16,24).

Vocês não nasceram para morrer, vocês nasceram para renascer, para nascer novamente à Bem-aventurança.

Métanoia e *metamorphosis*: o caminho das Bem-aventuranças

Pouco após o sermão sobre a colina, Yeshua convida seus discípulos a subirem a uma montanha ainda mais alta, o Monte Tabor, e participarem do estado de consciência e de luz no qual Ele se encontra. Isso supõe da parte dos discípulos uma *métanoia* de todo seu ser, a passagem a uma outra frequência, a entrada em um outro nível de realidade. Da mesma maneira, para que Motovilov possa ver Serafim de Sarov na luz, ele próprio deve ser transformado nessa mesma luz[71].

A partir do momento em que os discípulos se interrogam sobre o que eles estão vendo e querem *capturar* e *compreender* o incompreensível (Pedro queria fazer uma tenda para permanecer ali), a luz desaparece, resta apenas *Yeshua sozinho*; da mesma maneira que na física quântica, quando nós observamos um pacote de ondas, este *despedaça-se* ou se reduz a partículas.

Para entrar na inteligência das Bem-aventuranças ou Beatitudes, uma outra metáfora da física contemporânea seria igualmente útil: a da não localidade e da justaposição de dois estados. O gato de Schrödinger está, *ao mesmo tempo*, morto e vivo; ele pertence a dois mundos diferentes, a dois níveis de realidade que lógica ou normalmente se excluem.

---

71. "Olhai, para que possais me ver nesta luz, vós também deveis estar nesta luz" (cf. *L'Entretien avec Motovilov* [Entrevista com Motovilov]. Arfuyen, 2002). É válido observar que esta experiência de *transfiguração* acontece em um espaço onde, alguns anos mais tarde, foram descobertas as fórmulas que permitiram que a bomba atômica existisse. Cf. SAKHAROV, A. *Mémoires* [Memórias]. Seuil, 1995. A transmutação da matéria pode conduzir a uma teofania ou a uma catástrofe.

Não podemos estar mortos e vivos ao mesmo tempo, é preciso escolher; não podemos ter boa saúde e estar doentes ao mesmo tempo; não podemos estar *no mundo e fora do mundo* ao mesmo tempo.

As Bem-aventuranças nos convidam a ser felizes no coração do sofrimento, do luto e das lágrimas, a estarmos satisfeitos no coração da falta (fome e sede).

Seguindo os passos de Yeshua, trata-se de "estar neste mundo, mas sem ser deste mundo"; como o Ressuscitado, trata-se de estar morto e realmente morto (enterrado) e continuar vivo. Paradoxos inaudíveis àquele que não fez a experiência da luz incriada no coração da matéria, àquele que não fez a experiência do não tempo no coração do tempo, àquele que não fez a experiência do não pensamento, ou do espaço silencioso, entre dois pensamentos. Novamente, a chave é a *métanoia*, a passagem além do conhecido; ou seja, além das representações mentais do Real que congelam, imobilizam e fazem *desmoronar* esse Real sempre em movimento, sempre ondulatório, reduzindo-o a um real mensurável e objetivo, restringido aos instrumentos sensoriais ou técnicos que o medem.

É possível que seja tão simples assim?
O Bem-aventurado,
O Ser que é Vida, Luz, Amor.
Esse Ser está aqui, em todo lugar e sempre
    presente:
Eu estou vivo,
Eu estou consciente,
Eu sou desejo e dom.

O Reino de Deus, Presença do Ser que é Vida-
-Consciência-Amor, está sempre presente em
todo lugar.
A Vida, dentro e fora de nós.
A Consciência, dentro e fora de nós.
O Amor, dentro e fora de nós.
É dito para nós: "Encontra o Reino de Deus e
todo o resto te será dado em acréscimo".
Ou seja, encontra ou descobre o que está sempre
presente e está sempre aqui.
O Ser, que é a Vida da tua vida, a Consciência da
tua consciência e o Amor do teu amor: "Tu
és isto".
Assim como o peixe "habita no oceano", tu
habitas neste oceano que é Vida, Consciência
e Dom.

Encontra a paz interior; ou seja, o Reino de Deus, a Presença do Ser que é Vida, Consciência, Amor em ti, e uma multidão será salva junto a ti; uma multidão poderá *respirar ao largo (Yesha) na tua presença*.

A presença do ser que é Vida, Consciência, Amor é plenitude e infinidade,

Ele preenche tudo em todos.
Como isso é possível?
Métanoiete.

Vai, coloca-te a caminho e permanece além do *nous*, além da fina ponta da tua alma constituída de pensamentos, de desejos, de emoções, de pulsões e de memórias.

Vai, coloca-te a caminho e permanece além ou dentro das formas-matéria que a Vida toma em ti; além ou dentro das formas-pensamento que a Consciência toma em ti; além ou dentro das formas amadas, desejadas que o Amor toma em ti.

O que existe além do *nous*?
O *pneuma*, o Espírito Santo!

Métanoiete; ou seja: além do *nous*, descubra o Espírito Santo, o reino de Espírito que religa em ti a tua vida à Fonte da Vida, tua consciência à Fonte da Consciência, teu desejo à Fonte do Amor.

O Espírito Santo religa o Filho ao Pai, *Eu sou* está na Fonte do *Eu sou*. O objetivo da vida cristã ou da vida humana é realmente "o acolhimento do Espírito Santo", como dizia Serafim de Sarov.

Viver no Espírito Santo é viver além do *nous* no Reino de Deus. A presença do Ser, que é Fonte de toda vida, de toda consciência e de todo amor.

Através da *métanoia* nós passamos do mundo dos pensamentos ao mundo da Consciência, do mundo dos desejos ao mundo do Amor, do mundo dos objetos ao mundo das presenças (o Reino).

Pela *métanoia* nós passamos do mundo da agitação ao centro da calma (a paz interior), nós passamos do mundo da ocupação ao reino da vacância (liberdade), nós passamos no coração desta vida mortal à consciência da vida eterna, nós descobrimos o não tempo no coração do tempo.

O claro Silêncio que está antes, durante e além dos nossos ruídos, barulhos, agitações e pensamentos. O claro Silêncio que está antes, durante e além de todas as nossas emoções e de todos os nossos desejos.

O claro Silêncio que está aqui, antes, durante e além de todas as nossas inspirações e de todas as nossas expirações.

Rabi, onde habitas?
Vem, veja: Eu Sou/estou aqui.
Eu Sou/estou em todo lugar e sempre aqui.

Será que poderíamos traduzir em uma linguagem mais contemporânea a realidade daquilo que o evangelho chama de Reino e seu clima, que é Bem-aventurança e Beatitude?

Hoje em dia falaríamos de uma *pura consciência* ou de uma *pura presença*, do Um ou do Real que permanece, quaisquer que sejam as formas flutuantes e variadas que o manifestem.

Evocaremos, então, a página em branco, que permanece sempre e em todo lugar branca, sob as garatujas ou sob as escrituras sagradas que podem ser inscritas nela. Falaremos do fundo do oceano, que permanece sempre calmo, quaisquer que sejam as tempestades que se agitem na superfície. Observaremos esse espaço claro e silencioso entre dois pensamentos ou entre o inspirar e o expirar, o expirar e o inspirar.

Diversas observações que dão testemunho da existência de um fundo, de um espaço que, caso o experimentemos, nos comunicará alguma coisa da sua liberdade, da sua claridade, da sua clareza e da sua paz. Para dizer de outra maneira, no silêncio das percepções, dos afetos e dos conceitos encontra-se a Beatitude e a Bem-aventurança. Se, de acordo com a OMS (Organização Mundial da Saúde), o *silêncio dos órgãos* é sinal de saúde, o silêncio dos pensamentos é sinal de *grande saúde*, de salvação (*soteria* – em grego; esta palavra indica tanto *salvação* quanto *saúde*).

A *métanoia* ou a meditação é o meio de acesso a esse silêncio, que está sempre aqui e está presente em todo lugar.

Não se trata de *fazer* silêncio, mas simplesmente de parar de fazer barulho, assim como não se trata de *fazer* o vazio, mas simplesmente parar de estorvá-lo. A ação justa ou o movimento justo só pode nascer desse silêncio, dessa calma que vem do *fundo*. Ele não é mais, então, um obstáculo à calma e à Beatitude; ele é a sua expressão. Portanto, o mundo não é mais aquilo que nos encobre o Real, mas aquilo que lhe dá substância e *carne*.

A verdadeira ação revolucionária ou evolucionária é a que nasce da calma e do silêncio, e isso supõe a *métanoia* do homem em marcha; cada um dos seus passos está em relação, em interconexão com a Fonte da sua vida, da sua consciência e do seu desejo.

Ele pode, então, *passar pelo mundo* sem produzir incômodo; ele permanece em paz; o sol ou o claro silêncio que ele reconheceu em si mesmo (a Beatitude, o Reino) brilha sobre o ouro, assim como sobre o lixo; sobre os justos, assim como sobre os injustos; sobre aqueles que o elogiam, assim como sobre aqueles que o caluniam; sobre aqueles que o acariciam, assim como sobre aqueles que o torturam e o perseguem. Não é apenas nobre indiferença ou força de vontade, mas humilde ancoragem na essência abençoada e bem-aventurada, vivificante e intemporal do seu ser. Ele carrega em si um raio, um relâmpago que as trevas não podem alcançar ou apagar.

Se Deus está em todo lugar e está sempre presente, onde poderei buscá-lo, onde poderei encontrá-lo? "O primeiro passo que faço em sua direção me afasta dele", dizia o místico. Mas, na verdade, eu não posso nem me aproximar nem me afastar do Real; quer eu faça um passo em sua direção ou permaneça imóvel, isso não mudará a realidade; Ele está sempre presente em todo lugar. Agir ou não agir são duas maneiras de fazer existir a Existência, de viver a Vida que continua sendo o que ela é. O importante, sem dúvida, é o prazer e a consciência do que temos a fazer ou a não fazer, a buscar o Real em outro lugar ou em saboreá-lo aqui. No instante em que é observada, a onda *se esvai* em partícula; a partir do momento em que fazemos uma escolha, o fluxo da vida *se esvai* em ação ou em objeto.

O menor dos nossos pensamentos, qualquer que seja a sua intensidade, é um *esvaimento*, um *colapso* da consciência pura; mas esse esvaimento ou colapso é sempre o da consciência, e nada pode impedir seu fluxo.

Com o pensamento, o eterno entra ou se esvai no tempo, mas o eterno contém todos os tempos (os bons e os ruins); ele se ergue (*anastasis*) acima de todos os nossos colapsos. É isso que tentam testemunhar aqueles que vivem no *espírito* das Bem-aventuranças ou Beatitudes.

"Vim ao mundo para dar testemunho da verdade." Nossa existência é um testemunho pesado ou leve da Existência. Nossa consciência é um testemunho luminoso ou obscuro da Consciência. Nossa vida é um testemunho intenso ou disperso da Vida. Testemunhar o Real não é próprio dos que creem ou dos humanos. Cada planta e cada animal testemunham à sua maneira: *Eu sou*. É esse *Eu sou* em sua ipseidade que se trata de reconhecer em cada existência, e essa maneira de existir, única, não separa jamais da totalidade da Existência. O Real, como o Amor, em um mesmo movimento, nos diferencia e nos unifica. A observação ou a consciência do Real, um e múltiplo, manifestado e não manifestado, explícito e implícito, obriga-nos a abordá-lo de uma maneira não binária. Há uma lógica dos contraditórios, uma ciência das antinomias e uma sabedoria da aporia; isso pode nos conduzir a essa alegria sem causa e sem fundamento, à *Beatitude* sem fundo, próxima da de Serafim de Sarov ao saudar a todos que se aproximavam: "Minha alegria, Cristo ressuscitou".

Minha alegria (a Vida) não morre, ela é eterna; *Eu sou* é a Vida. Minha alegria (a Luz) não se apaga; *Eu sou* é a Luz do mundo. Minha alegria (o Amor) não morre; ninguém pode tirar aquilo que você deu.

Eu sou é o Bem-aventurado, o Vivente em marcha, Fonte da tua paz e de toda paz. O importante nem sempre é conhecer o destino do caminho, mas saber com quem caminhamos. Aqui, o Real está aqui; aqui, *Eu sou* está aqui. Ele está aqui, sempre presente em todo lugar, o Invisível, relâmpago impassível e doce que queima diante e por trás dos nossos olhos.

A natureza de Deus é a graça

A gratuidade, a não causalidade, o que é da ordem da graça, escapa às leis da natureza ordinária; ou seja, às leis da causalidade. Podemos ler as Bem-aventuranças segundo a lógica da natureza. Somos bem-aventurados *porque* somos pobres; satisfeitos *porque* temos fome e sede de justiça. Vemos a Deus *porque* temos o coração puro. Somos filhos de Deus, possuímos o Reino *porque* somos artesãos da paz ou perseguidos em nome da justiça.

Se lermos as Bem-aventuranças segundo a ordem da graça, não há causalidade, uma não é consequência da outra. O Bem, a Beatitude, a Bem-aventurança não são consequência desta ou daquela atitude; elas se *justapõem*, por assim dizer, à felicidade, assim como ao infortúnio; a Bem-aventurança é acausal, ela é da ordem da graça. Da mesma maneira, a *grande Saúde* não depende dos nossos cuidados pessoais, médicos ou outros; ela permanece tal qual é no coração das nossas tribulações. Ser pela graça o que Deus é por natureza é aceder a essa grande Saúde, a essa Beatitude ou Bem-aventurança acausal.

Esse *salto quântico* é uma bela metáfora desse *salto pascal*[72] ao qual nos convida o Mestre e Senhor; salto impossível de ser feito por nossas próprias forças, irrealizável pela nossa própria vontade. É a graça que advém quando nós paramos de nos identificar com a nossa natureza; ou seja, com o nosso *karma* ou encadeamento de causas e efeitos.

A caminho!, em marcha!, não é apenas mais um convite a seguirmos em frente, mas um convite a mergulharmos para dentro, a irmos para lá onde nada nem ninguém podem ir, a caminharmos sobre o caminho que é sem caminho, a abrirmos a porta que está sem porta; paradoxos familiares aos sábios orientais que abalam seriamente os *terceiros excluídos* das nossas lógicas aristotélicas.

Jamais conseguiremos repetir o bastante: a Beatitude ou Bem-aventurança é da ordem da graça – ou seja, da gratui-

---

72. *Pessah*, em hebraico, quer dizer *o salto, o pulo*; não estaríamos falando aqui também de uma *metanoia*, de um salto, de um pulo *além do conhecido*?

dade sempre aleatória e imprevisível –, e não da ordem da natureza – ou seja, da ordem da necessidade sempre aguardada e previsível. Não é essa a velha antinomia do acaso e da necessidade? Estaríamos dizendo, então, que a Beatitude e a Saúde são da ordem do acaso e do arbitrário? Não seria o acaso o nome da graça ou de Deus quando nos encontramos diante daquilo que não conseguimos compreender, diante daquilo que revela um outro nível de realidade?

A Beatitude, a Bem-aventurança, a grande Saúde são a graça que habita além de todas as nossas causalidades e além daquilo que chamamos de *contrários*: vida/morte, dor/prazer, bem/mal.

As Bem-aventuranças podem ser consideradas uma *medicação quântica*, um *pharmakon* por vir, pois elas nos tornam livres das leis da natureza e da causalidade.

Nossa verdadeira natureza, à imagem da natureza de Deus, é a graça. *Eu sou* é a *Ressurreição e a Vida*, quaisquer que sejam nossas enfermidades. Em alguma parte, em um não lugar de nós mesmos, em um puro espaço, um puro silêncio, nós estamos desde sempre e para sempre livres e *salvos*[73].

Penso naquele homem ao qual perguntaram: "O que pensas de Yeshua, o crucificado, o ressuscitado de Jerusalém, o mestre das Bem-aventuranças?"

Ele respondeu: "Não penso nada, eu o amo. Ele é o Amor, a Verdade, a Vida..."

> Sê sábia, ó minha dor,
> Ouvi a Vida, a grande Vida que caminha.

---

73. Literalmente, *Yesha*: nós respiramos ao largo.

Conecte-se conosco:

 facebook.com/editoravozes

 @editoravozes

 @editora_vozes

 youtube.com/editoravozes

 +55 24 2233-9033

www.vozes.com.br

Conheça nossas lojas:

www.livrariavozes.com.br

Belo Horizonte – Brasília – Campinas – Cuiabá – Curitiba
Fortaleza – Juiz de Fora – Petrópolis – Recife – São Paulo

  Vozes de Bolso

EDITORA VOZES LTDA.
Rua Frei Luís, 100 – Centro – Cep 25689-900 – Petrópolis, RJ
Tel.: (24) 2233-9000 – E-mail: vendas@vozes.com.br